대한민국 국가정보원

대한민국 국가정보원

한희원 지음

백년동안

차 례

4부 국가정보원

5부 국가정보원의 혁신적 발전

1부

개혁의 회오리에 내몰린 국가정보원

1장

국정원은 요술 방망이인가?

2014년 4월 15일 인천항 부두를 출항한 여객선 세월호가 진도 해역 맹골수로에서 침몰했다. 맹골수로는 호랑이처럼 거센 물살 때문에 붙여진 이름이다. 이순신 장군의 명량대첩으로 빛나는 울돌목 다음으로 파고가 거센 곳이다. 세월호에는 제주도 수학여행에 나선 단원고 학생 325명과 교사 14명 등 총 476명이 탑승했다. 학생들은 75명만이 구조되었다. 2014년 세월호 침몰사고는 대한민국을 흐느끼게 했다. 제대로 꿈을 펴 보지도 못한 학생들이 기울어지는 배와 함께 바로 눈앞에 있는데도 속수무책이었다. 늘어가는 시신 숫자만 확인하며 많은 국민들이 함께 울었다.

국정원은 마술사?

그런데 음모론의 저주는 세월호 대참사에도 달라붙었다. 어린 학생들의 생사가 갈리는 문제임에도 정치적 음모가 따라붙었다. 음모론의 목표는 국정원이었다. “국정원이 간첩 류자강 증거조작 사건을 망각 속으로 넣기 위한 기획 작품, 깜짝쇼로 보인다”는 말이 나돌았다. 천안함 조작설이 생각난다. “또 북한 소행이라고 거짓말하려는 것이냐?”는 주장이 인터넷에 잇달아 올라왔다. 국정원 배후설이라는 망령이 세월호 참사에도 달라붙었다.

2장

뭇매 맞는 국가정보원!

2013년과 2014년 대한민국의 질시와 저주 한가운데에 국정원이 있었다. 서해 북방한계선(NLL) 대화록 유실 사건, 2012년 대선 때의 사이버 댓글사건, 2014년 위장 탈북자 류자강에 대한 출입경문서 위조사건 때문이었다.

NLL 남북 정상 대화록!

2007년 10월 3일, 임기를 약 5개월 남긴 고(故) 노무현 대통령과 김정일 국방위원장이 평양에서 정상회담을 가지고 서해 북방한계선

(NLL)에 대한 대화를 했다. 영토주권을 포기했다는 주장과 NLL 포기는 아니라는 상반된 주장이 온 나라를 뒤흔들었다. 급기야 남재준 전 국정원장은 국정원이 보관하고 있던「대화록」을 공개했다. 아니, 공개만 했다! 대화록을 공개만 하고 대공 용의점에 대한 수사계획을 밝히지 않았다.

대화록 공개에도 불구하고 사건은 진정되지 않았다. 노 전 대통령 비서실장으로 남북 정상회담을 총지휘한 문재인 의원이 국가문서기록 보존소에 대한 방문조사를 제안했다. 그런데「대화록」은 국가문서기록 보존소에도 없었다. 소위 NLL 대화록 사초실종사건이 발생했다. 정치권은 난리 법석이 되었다. 그 비난의 화살은 비밀을 보관해야 하는 국정원이 비밀을 공개했다는 선동과 함께 국정원에 대한 저주와 집중포화로 이어졌다.

댓글사건

이어서 소위 댓글사건이 터졌다. 2012년 대통령 선거기간 중에 국정원 심리전단 요원들이 인터넷에 댓글을 다는 방식으로 여론을 조작하여 국정원이 제18대 대통령 선거에 개입했다는 주장이다. 대권을 눈앞에서 놓쳤다고 판단하는 세력들은 이를 조직적인 정치개입이라면서 '국정원 대선개입 사건'이라고 단정했다.

댓글사건은 온 나라를 기약 없이 뒤흔들었다. 논리도 필요 없었다. 이유도 필요 없었다. 댓글을 단 본래 글의 내용은 과연 무엇인지를 알려는 의문은 가져보지도 않았다. 원세훈 전 국정원장이 구속되었다. 그러나 그에 멈추지 않았다. 댓글사건의 가장 큰 수혜자는 박근혜 대통령이라며 정권퇴진을 요구했다. 국정원은 난도질을 당했다.

그런 와중에 국정원이 저력을 발휘했다. 현역 국회의원이 대한민국을 전복하려고 한 이석기 RO 사건이 그것이었다. RO 사건은 대한민국의 정체성을 부인하고 대한민국을 전복하려고 한 사건이다. 우두머리인 이석기는 1심에서 징역 12년의 중형을 받았다. 하지만 정치권이나 일부 언론은 반신반의하면서 강 건너 불구경하듯 했다. 국정원이 사건을 조작했다고 주장하는 선동세력도 나타났다. 어떻게 하든 국정원이 격려와 칭찬을 받는다는 것은 매우 어렵다는 것을 보여준다. 과연 국가정보원이란 무엇일까?

문서위조?

국정원의 시련은 여기서 끝이 아니었다. 2014년 서울시 공무원 간첩사건에 대한 문서위조 사건이 발생했다. 국정원이 류자강을 간첩으로 조작하여, 류자강이 (국정원이 주장하는 시점에는) 북한에 간 일도 없는데 중국과 북한을 왕래했다는 출입 문서를 위조하여 법원에 제출했다는 것이다. 중국 당국이 '국정원과 검찰의 문서는 위조' 라고 통보함으로써 대한민국은 혼란에 빠졌다.

여론은 위장 탈북자의 정체에 대해서는 관심이 없었다. 간첩창조, 간첩조작, 간첩 만들기 등 국정원이 선량한 사람을 간첩으로 만들었다고 단정 지었다. 선량한 한 남자를 국정원이 간첩의 올가미로 채웠다는 것이다. 불 뿜는 정치공세가 끊임없이 이어졌고 대통령의 철저한 수사 지시가 있었다.

검찰수사

검찰이 앞장섰다. 원래 검찰은 국가정보에 대한 전문지식은 거의 없다. 검찰은 이미 여론의 향배를 잘 알고 있었다. 검찰수사는 현상에만 집중했다. 문서위조가 어떻게 이루어졌고 윗선 어디에까지 연결되어 있는지 집중되었다. 중국 현지의 정보요원들에 대한 줄 소환이 이어졌다. 급기야 현지 중국인으로 정보협조자인 '김 씨'가 국정원은 관련이 없음을 밝혀주겠다면서 자발적으로 국내에 들어왔다.

1차 검찰조사에서 국정원의 위조 지시를 극구 부인한 김 씨는 자발적으로 2차 검찰수사를 요청했다. 김 씨는 1차 진술을 번복하고 국정원의 억압에 의해서 문서를 위조했다고 진술했다. 검찰조사를 마치고 모텔로 돌아와서는 벽에 국정원을 저주하는 글을 남기고 자살시도까지 했다.

국정원에 대한 비난 여론은 거세졌다. 법률 지식만을 내세운 검찰은 거침없이 칼을 휘둘렀다. 대공 분야 베테랑으로 간첩을 입증하는 일에 투입되었던 권모 과장이 검사의 조사에 울분을 터뜨리면서 자살을 시도했다. 권 과장은 일부 '기억상실' 증상을 보였다.

약 한 달간 이어진 검찰수사는 국정원 직원 등 4명을 기소했다. 검찰수사 결과 발표 당일인 4월 14일 저녁 8시에 국정원 서천호 2차장이 도의적인 책임을 통감하고 사의를 표명했다. 대통령은 즉각 사표를 수리했다.

2013년 4월 15일, 대한민국 국가안보의 수치

남재준 전 국정원장이 대국민 사과를 했다. 남 원장은 "증거조작 의혹으로 국민께 심려를 끼쳐드린 점을 머리 숙여 깊이 사과드린다. 원장으로서 참담한 책임을 통감한다."고 밝혔다. 대통령도 사과했다. 박근혜 대통령은 국정원의 간첩 증거조작에 대해 사과했고 국정원의 환골탈태를 주문했다. 또다시 국민들의 신뢰를 잃게 되는 일이 있다면 강력하게 책임을 물을 것이라고 강한 경고도 담았다.

태양절, 그날에!

그런데 4월 15일은 고(故) 김일성을 기념하는 북한 최대의 명절 태양절이다. 김일성 생일은 이전부터 북한의 최대 명절이었다. 그것을 김일성의 탈상 삼년인 1997년에 태양절로 승격했다. 3대 세습을 정당화하고 유일령도를 강조하는 백두혈통을 정당화하기 위한 놀음이었다. 그런데 우리는 4월 15일이 태양절임을 잘 모르는 듯했다. 한반도를 분열시키고 6.25전쟁의 참극을 가져온 민족 반역자 탄생일에 대한민국의 국가안보가 머리 숙였던 것이다. 북한 핵무기를 폐기

시키고 평화통일로 새로운 문명 창조를 이루자는 원대한 제안을 해도 시원치 않을 날에 거꾸로 수치를 보여준 것이었다.

물론 국정원이 결과적으로 위조문서를 제출한 것에 대해서는 변명의 여지가 없다. 하지만 국정원장이나 대통령은 국민들에게 사과할 것이었다면 '북한의 끊임없는 대남 책동에 대해 제대로 대응하지 못하여 대한민국의 신뢰도를 떨어뜨리는 것'에 사과를 했어야 했다. 그리고 사법절차의 한계와 국제 공조의 불가능으로 '간첩을 철저하게 밝히지 못해 국민들을 불안하게 한 무기력'을 사과했어야 했다.

돌팔매질

이러한 일련의 사건들이 2013년과 2014년 대한민국을 뒤흔들었다. 궁극적인 목적은 정권과 국정원 무력화를 겨냥한 것이었다. 2012년 대통령 선거는 곧 깊은 이념전쟁에서 대한민국의 정신적 지주를 찾는 선거였다. 선거에서 박근혜 대통령이 당선되었다. 문재인 후보를 대통령으로 지지하던 사람들은 허망했을 것이다. 그들은 필승을 예상했던 대권쟁취를 이루지 못한 허탈감을 분풀이할 시빗거리를 절실하게 바라고 있었다. 그들에게는 어떤 것이라도 좋았다. 불공정했다는 핑계를 댈 수 있다면 국가안보 같은 것은 동화 속의 이야기에 지나지 않았다.

그 뭇매의 중심에 국정원이 있었다. '하도급 정보활동, 민주주의의 파괴자, 인권유린자'라는 비난은 끝이 없었다. 정보요원들의 신분공개는 양반이다. 국가정보기관이 압수수색을 당하고, 해외에서 정보활동을 하다가도 국내로 소환당하여 조사받고, 정보 협조자까지 공개수사를 받고 신분이 노출되고……. 이것이 2013년과 2014년 대한민국 최고의 중앙정보기구라는 국가정보원이 처한 서글픈 현실이었다.

3장

무자격자들의 불법 신경수술

그동안 정치개입과 인권유린을 이유로 중앙정보부(중정), 국가안전기획부(안기부)에 대한 개혁요구는 줄기차게 이어졌다. 중정이 안기부로 그리고 다시 국정원으로 변경된 것도 사실은 개혁이라는 요청에 대한 답변이었다. 그런데 그동안의 정보기구 개혁은 한마디로 '힘 빼기'로 요약할 수 있다. 정보기구를 아예 폐지하거나 대공수사권을 검찰이나 경찰에 이관하고, 국내정보와 해외정보를 분리하라는 '폐지·이관·분리' 주장이 개혁이라는 이름으로 십수 년간 이어져 왔다.

국정원에 대한 본격적인 개혁 논의는 2013년에도 있었다. 2013년 12월 5일 '국정원 개혁특위' 구성 결의안이 국회 본회의를 통과했다. 국정원 개혁특위는 입법권을 부여받았다. 위원장은 민주당 정세균 의원이 맡았다. 여당인 새누리당은 김재원 의원을 간사로 유기준·이철우·권성동·김회선·함진규·송영근 의원이 위원으로 선정됐다. 야당인 민주당은 문병호 의원을 간사로 민병두·유인태·안규백·전해철 그리고 무소속의 송호창 의원이 선정되었다.

샅바싸움

본격적인 활동 전에 기 싸움이 벌어졌다. 김한길 민주당 대표가 선전 포고를 했다. 김 대표는 "국정원 대선 개입사건의 끝이 안 보인다, 두려운 일"이라며 "국정원 심리전단이 조직적으로 올리거나 퍼나른 트윗이 2,200만 건에 이른다는데 할 말을 잃는다."고 말했다. 반면 새누리당 최경환 원내대표는 "검찰의 국정원 댓글수사가 국정원의 대북 사이버 활동을 위축시켜서는 안 된다."며 "국가기관의 부당한 정치관여 행위를 차단하는 대신에 대테러 활동과 대북 사이버 활동 등 국정원 본연의 임무를 강화하는 방안을 마련하는 데에 중점을 둬야 할 것"이라고 강조했다.

여당 측 간사인 김재원 의원은 "국정원의 정치관여 소지를 차단하는 대신에 방첩, 대테러, 대공정보 수집능력을 확보하는 방향으로 개혁을 추진할 것"이라고 말했다. 반면에 야당 측 간사인 문병호 의원은 "국정원은 국내정보 수집 활동 비중을 줄이고 대북·해외 활동 비중을 높여야 한다"고 말했다. 문 의원은 "국민의 세금을 1조 원이나 쓰는 기관이 아무런 심사도 없이 국회통제도 안 받는다는 것은 코미디"라며 "국정원이 하는 모든 활동에 대해 국회 통제를 받아야 한다."고 주장했다. 필자는 총 3차례의 공청회에서 2차례 전문가 진술인으로 참석했다.

국정원 개혁은 국가 중추신경수술

물론 그동안 국정원이 비난받아야 할 일도 적지 않다. 그런데 국정원 개혁은 인체에 비유한다면 신경조직수술이다. 신경수술은 고도의 전문성을 요구한다. 신경수술은 잘못하면 전신마비라는 치명적인 손상을 가져오는 수술이다. 동일한 이치로 국정원이라는 국가 중추신경수술은 최고의 전문가가 실행해야 할 것이다. 그러나 국정원 개혁특위에 직접 관여한 필자의 생생한 경험에 따르면 상황은 '전혀 그렇지 않다.' 국정원 개혁 논의는 전문지식이 없는 정치인이나 비판론자들의 주장에 따른 '힘 빼기'의 관철이었다.

여전히 국정원 개혁 요청 메뉴는 폐지·이관·분리로 판에 박힌 주장이었다. 병원 수술에 현대적 장비인 MRI가 도입되어 빛나는 수술 성과를 내는 것처럼, 과학기술 문명의 발전에 따라서 정보 선진국들은 다양한 국가안보 신무기를 장착한 안보 법제를 마련하고 있다. 그러나 우리만 캄캄한 눈으로 무력화의 개혁만 외친다.

오늘날 선진 안보국가는 과학기술 문명에 따라서 변모하는 안보사범에 대처하기 위하여 특별안보법을 제정하여 대응한다. 일각의 오해도 있다. 미국법과 영국법이 우리와 사정이 다르지 않느냐는 것이다. 하지만 그런 주장은 무지의 궁색함이다. 국가안보에 미국식, 영국식, 중국식, 러시아식이 따로 있는 것이 아니다. 우리나라만 정치 싸움에 당연히 만들어야 할 법률도 만들지 못하고 있는 것뿐이다. 국회가 법을 만들지 않은 까닭에 일선 정보요원들의 일부 활동이 불법이고 범죄라는 평가를 받는 어처구니없는 일이 벌어지는 것이다.

그런 관점에서 2013년 국정원 개혁특위 활동은 축소된 정치판이었다. 무자격 돌팔이 의사에 의한 신경수술이었다. 따라서 도출된 합의안이 국정원의 100년 대계를 담보해 줄 수 있는 내용이 결코 아니었다. 결국 국가정보원법은 누더기가 되었고 형사처벌법이 되었다.

개혁의 끝은 어디에!
특별검사와 국정원장 해임이 정답일까?

그런데 국정원의 개혁은 그것이 끝이 아니었다. 류자강 간첩 사건에 대해서 정치판의 이합집산 속에 새롭게 탄생한 김한길·안철수 공동대표 체제의 새정치민주연합이 특검을 주장하고 나섰다. 안철수 공동대표는 "국정원으로 인해 민주주의는 물론 국가 기강마저 무너지고 있다"고 주장하면서 국정원장을 해임하고 특검을 실시하고 대공수사권 이관을 포함한 전면적인 개혁을 단행해야 한다고 외쳤다.

김한길 새정치민주연합 공동대표는 "박근혜 대통령은 국정원장을 문책하고 특검을 수용함으로써 국정원에 대한 개혁의지를 국민에게 입증해야 한다"고 주장했다. 간첩 용의자 류자강 변호인단과 민변은 검찰수사에 대한 논평을 내고 국정원 대공수사단장, 대공수사국장를 포함해 '윗선'에 대한 수사와 처벌을 요구했다. 또한 검찰수사팀장과 수사 관계자들을 국가보안법상 특수직무유기 혐의로 경찰에 고발까지 했다.

그동안 대한민국에는 많은 특별검사 사례가 있었다. 하지만 정치적 타협의 산물인 특별검사로 제대로 진상을 밝혀낸 것은 거의 없었다. 특검의 발상지인 미국에서조차 용도 폐기된 특검은 정치의 축소판으로 정치공세인 경우가 많다. 검찰 조직의 화력보다 결코 우세할 수 없는 특검으로, 더욱이 정치적 이해관계가 첨예한 사안을 수사하도록 한다는 것은 후진국형 정치를 검찰수사에 감정이입시키겠다는 말장난이라는 사실을 국민들이 깨쳐야 한다. 과연 국정원장에 대한 해임이 올바른 일일까?

정치적 책임과 위장부인의 법리

국정원의 정치개입을 근절하려면 국정원장을 일반 정무직 장관처럼 정치적 책임으로 내몰 생각 자체를 버려야 한다. 오히려 누가 대통령이 되든지에 관계없이 7~10년은 일하게 해야 한다. 그래야 정치개입 문제가 근본에서 뿌리 뽑힐 수 있다. 국정원장 자리를 '정권이 교체되면 내 사람을 심기 위한 자리'로 생각하는 한 어떤 제도적·법적장치도 무용지물이 될 수밖에 없다. 오직 전문적인 직무수행능력의 책임을 물어야 한다.

예컨대 9.11테러공격의 경우에 우리 검찰의 기준이라면 구속감인 애쉬크로프트 법무장관이나, 조지 테닛 CIA국장은 사임하지도 않았다. 조지 테닛 국장은 3년 후인 2004년에야 물러났다. 애쉬크로프트 법무장관은 2005년에 물러났다. 딕 체니 부통령은 오바마 대통령이 취임한 2009년에야 물러났다. 콘돌리자 라이스 백악관 안보보좌관은 국무장관으로 영전했다. 국가의 재앙인 9.11테러공격에 정치적 책임으로 자리에서 물러나게 하는 바보 같은 일을 선진 국가 안보를 갖춘 나라에서는 하지 않는다.

중국과의 외교문제가 걸려 있는 화교 출신 위장 탈북자 류자강 간첩사건에 대해 국정원장이 사퇴해서는 안 되는 학술적인 이유는 또 있다. 위장부인의 법리 때문이다. 위장부인의 법리는 정보활동에 따른 국가책임을 회피하기 위한 기술적인 수단이다. 위장부인의 법리는 1985년 프랑스의 해외정보기구인 대외안보총국이 잘 활용하여 국가책임의 위기를 극복했다. 내용은 이렇다.

대외안보총국 정보요원이 뉴질랜드 항에 정박 중이던 국제환경 NGO 그린피스 소속의 레인보 워리어 호를 폭파했다. 현장에서 프랑스 정보요원 2명이 체포되었다. 뉴질랜드 당국은 물론이고 전 세계는 경악했다. 누가 보아도 프랑스의 조직적인 개입이고 프랑스가 책임져야 할 문제였다. 그러나 프랑스는 조사할 테니 기다려 달라고 했다. 나중에 프랑스는 말단 부서의 자체공작일 뿐이지 정보기구의 조직적인 개입은 아니라고 발표했다. 그러면서 영국 비밀정보부(MI6)와의 연계도 있을지 모르겠다고 물고 늘어지는 연막을 펼쳤다. 프랑스로서는 조직적인 개입을 시인하면 프랑스 국가책임이 인정될 것이고 모든 비난을 뒤집어쓸 것임이 명백함을 고려한 대응이었다. 그런데 당사자인 미테랑 대통령은 약 20년이 지나서 사실은 자신의 지시였음을 시인했다.

국정원 총책임자인 남원장이 책임을 지고 사임한다는 것은 중국을 향해 알아서 머리 숙이는 것이 된다는 국가정보학의 ABC를 배워야 한다.

2부

국가안보와
국가정보가
지키려는 것들

1장

국가안보와 국가안보전략

안보(安保)는 안전보장의 줄임말이다. 로마신화에 나오는 씨큐리타스(securitas)가 안전(security)의 신이다. 안전하다는 것은 외부위협으로부터 공포, 불안, 근심과 걱정이 없는 상태를 말한다. 그러나 국가안보 개념은 절대적이지 않다. 외부위협은 시대상황과 주변 환경에 따라서 변하기 때문이다.

인류의 재앙이었던 제2차 세계대전은 국가안보의 중요성을 일깨워 주었다. 제2차 세계대전 종료 후 도래한 냉전시대에는 군사안보가 가장 중요하고도 급했다. 세계 여러 나라들은 자유주의와 공산주의라는 이념에 따라 양대 진영으로 나뉘었다. 각국은 미국과 소련이라는 초강대국의 우산 아래 국가안보를 지켜 나갔다. 군사안보와 국방안보가 국가안보의 중심을 차지했다. 이에 전통적인 국가안전보장은 '군사적 위협의 부재'였다.

그러나 군사안보는 1991년 찾아온 냉전의 종료와 함께 변화를 겪었다. 냉전시대가 끝나고 위협주체가 기존의 국가에서 개인·조직·기업·자연환경·국제기구 등 비국가 주체로 광범위하게 확대되었다. 안보영역도 군사안보는 물론이고 정치·경제·사회·문화·환경 등 비군사적인 영역으로 광역화되었다.

안전한 나라?

국가안보에 대한 위협의 유형은 다양하다. 대표적으로 정치적 위협, 경제적 위협, 군사적 위협, 생태적 위협, 사회적 위협, 환경적 위협이 있다. 전쟁 시에는 선전포고를 하고 군대가 나서서 국민의 자유와 안전 그리고 민주주의를 지켜낸다. 평화 시에는 국정원이 국가안보의 수문장이다.

한편 위협의 정도와 종류는 시대상황과 과학문명의 발달에 따라서 변모한다. 이것이 국가안보 개념이 팽창성과 확장성을 가지는 이유이다. 그런 연유로 오늘날에는 포괄안보 또는 다원안보라는 용어가 자주 등장한다. 하지만 모든 안보문제가 정보기구의 책무는 아니다. 조금이라도 안보문제가 생겼다고 하여 국정원이 나서는 경우에는 월권의 문제가 제기되고 정치개입 논란이 벌어질 수 있다. 더 나아가 정보 통치라는 오명을 뒤집어쓸 수도 있다.

국가안보 담당자는 많다. 외교력, 군사력, 위기 관리능력, 국가 정보력, 경찰력, 법집행 능력, 효율적인 입법 능력, 국민 총화력 등이 모두 국가안보 수문장들이다. 정보기구가 국가안보에 대해 무한 책무를 부담하기는 하지만 정보력은 여러 가지 국가안보 수단 가운데 하나인 것이다. 정보기구가 나설 자리와 나서지 않을 자리를 분간해야 한다.

냉전시대와 달리 오늘날의 국가안보 위협은 외부에만 있지 않다. 가장 무서운 적은 내부 불만세력이다. 국가정보학에서는 이를 외로운 늑대(lone wolf)라고 말한다. 외로운 늑대들은 적국이나 국제테러조직과 직접적인 접촉이나 연계를 가지지 않았음에도 그들이 속한 공동체에 한없는 불만을 내뿜는다. 외로운 늑대들은 평상시에는 함께 일하고 호흡하는 평범한 이웃이다. 그러나 그들은 일단 유사시에는 그 총구를 바로 우리에게 겨눈다. 미국 연방수사국(FBI)은 오늘날 외로운 늑대가 적발이 매우 어려운 그러나 자유에 대한 가장 커다란 위협으로 간주한다.

이처럼 국가안보에 대한 무한책임을 부담하는 국정원은 권력기구가 아니다. 괴물이나 요물도 아니다. 국정원이 선량한 사람들을 잡아다가 고문하거나 아무런 이유 없이 평범한 시민을 사찰하는 곳도 아니다. 무단 도청을 하거나 이유 없이 그리고 한가롭게 댓글이나 달고 있는 기구는 더욱 아니다.

국정원은 위협의 정도는 커지고 식별은 점점 어려워지는 국가안보 환경에서 불철주야 신경을 곧추세우면서 사회의 암세포를 적발하는 일을 하는, 민주주의와 자유에 대한 무한 봉사기구이다. 그런 노력이 있어야 암흑세력으로부터 민주주의와 자유를 지켜 낼 수 있다. 따라서 국정원은 일반시민들의 꿈과 희망의 원동력이자 창조경제의 밑바탕인 자유를 수호한다. 군인이나 정보요원들은 민주주의와 자유를 수호하기 위해 목숨을 버리려는 애국자들이다. 군인이나 정보요원들은 결코 평등을 수호하기 위해 목숨을 버리지는 않는다.

대한민국의 치안질서와 국가안보 현실

주권국가의 국가안전은 대내적인 치안질서와 대외적인 국가안보로 확보된다. 치안질서는 검찰과 경찰로 대표되는 법집행기구가 담당한다. 우리의 경우에 북한으로부터의 위협은 현재까지도 끝없이 이어진다. 북한은 1953년 휴전 이후 2013년까지 약 2,660여 회에 이르는 군사도발을 감행했다.

북한은 대남적화를 위해 북한체제 혁명역량 강화, 남조선 혁명역량 강화, 국제적 혁명역량 강화라는 '3대 혁명역량 강화'를 아직까지도 부르짖고 있다. 남조선 혁명역량 강화는 우리 사회 내부에서 인민혁명을 유도할 목적으로 지하당 조직을 확대하고 다양한 형태의 통일전선 형성을 통해서 사회혼란을 부추긴다는 전술이다. 이를 위해 끝없이 음모론과 선동으로 남남 갈등을 증폭시키려고 한다.

북한은 2009년 5월 정찰총국을 새롭게 조직했다. 정찰총국은 6국체제로 운용되는 것으로 추정된다. 제1국(작전국)은 간첩양성 및 침투, 제2국(정찰국)은 테러 및 군사작전, 제3국은 해외정보와 대남침투, 기분 나쁜 숫자인 제4국은 없다. 제5국은 남북대화 관여 및 협상기술 연구, 제6국은 사이버 테러와 침투장비 개발, 제7국은 지원국으로 추정된다. 정찰총국의 탄생으로 대남도발은 더욱 빈번해지고 그 형태도 다양해질 것으로 예상하는 것이 결코 냉전적 사고가 아님은 명백하다.

북한의 언어도발

북한은 시도 때도 없이 대한민국을 협박한다. 북한의 대남 언어협박은 좌충우돌의 막가파 협박이다. 한마디로 가관이다. 정전협정 백지화, 서울 불바다, 남북 불가침 합의 폐기, 미군기지 정밀타격, 예고 없는 무자비한 보복 등 끝이 없다. 2013년 4월 23일에는 "혁명무력의 특별행동이 곧 개시된다"면서 "혁명무력의 특별행동은 일단 개시되면 3~4분, 아니 그보다 더 짧은 순간에 지금까지 있어 본 적이 없는 특이한 수단과 방법으로 모든 쥐새끼 무리들과 도발 근원들을 불이 번쩍 나게 초토화해 버릴 것"이라고 극렬한 육두문자를 섞어가며 협박했다.

한편 북한은 2014년 3월 28일 박근혜 대통령이 독일 드레스덴에서 남북한 신뢰구축을 전제로 한 한반도 평화통일구상을 선언하자, "박근혜가 추구하는 '통일'은 우리의 존엄 높은 사상과 제도를 해치기 위한 반민족적인 체제 통일이다. 그런 흉악한 속심을 품고 떠들었으니 낯가죽이 두꺼워도 보통 두껍지 않다. 청와대 방구석에 들어앉은 아낙네의 횡설수설이고 허망하기 그지없는 개꿈"이라는 막말도 서슴지 않았다. 북한은 이어서 서해안에 약 500발의 폭탄을 퍼부었다. 그리고 북한발 무인비행기 3대가 추락된 채 발견되어 남북 관계는 급랭되었다.

그것뿐이 아니다. 민망한 일은 더 있다. 세월호의 참상으로 온 나라가 슬퍼하는 2014년 4월 27일에는 협박과 모욕의 극치를 보여주었다. 국제사회의 망나니인 북한 김정은 노동당 정권은 박근혜 대통령에게 옮기기도 역겨운 비난을 퍼부어 댔다. 대통령에 대한 치욕적인 인신공격은 바로 그 나라 국민에 대한 정신적 능멸이다. 국정원의 비밀공작이 불을 뿜어야 할 내용들이었다.

버락 오바마 대통령이 대한민국을 방문한 것을 가지고 생트집을 잡았다. 박근혜 대통령을 포주인 버락 오바마가 부리는 솜씨 좋은 창녀(crafty prostitute), 그리고 미국의 위안부(comfort woman)라고 퍼부었다. 극단의 저질적인 비난협박을 한 것이다. 우리 사회 일부의 대통령 하야 주장에 고무되었음이 분명해 보인다.

국력방정식

국력의 기본적인 요소는 인구·영토·부존자원이다. 군사력과 경제력도 중요하다. 그러나 국가지도자를 중심으로 합일된 마음을 이끌어낼 수 있는 건전한 시민정신은 국력의 핵심적인 요소이다. 인구와 영토 그리고 천연자원은 풍부해도 강대국이 되지 못한 나라들은 많다. 레이 클라인 박사의 국력방정식이 잘 설명해 준다.

레이 클라인 박사는 NP=(C+E+M) × (S+W)라는 국력방정식을 창안했다. NP는 국력(National Power)이다. C는 임계량(Critical Mass)으로 국토면적, 인구수 등 주어진 조건이다. E는 경제력이다. M은 군사력이다. S는 정치지도자의 전략(strategy)이고 W는 국민의 의지(will)를 뜻한다. 결정적으로 중요한 부분이 국민의 의지(W)와 정치 지도자의 전략(S)이다. 만약 이 부분이 0이 되거나 기준치인 1보다 낮은 수치로 나타난다면 전체 국력은 떨어진다.

국력방정식으로 초강대국 미국이 베트남에게 패배한 사실이 설명된다. 월남을 향한 미국시민의 의지와 전략은 거의 0에 가까웠다. 하지만 독립을 이루겠다는 월남 사람들의 투지와 전략은 놀랄 만큼 강건했던 것이다. 클라인 박사는 한국의 S+W를 1980년 저서에서는 1.4로, 그러나 1994년 저서에서는 1.2로 계산했다. 점점 낮아지고 있는 것이다. 결국 올바른 지도자를 만나지 못하거나 국민들의 단합된 힘이 없으면 국력은 미약할 수밖에 없다. 레이 클라인 박사는 하버드 대학에서 박사 학위를 취득하여 CIA 정보 분석관이 되었다. 그는 6.25전쟁에도 참전했었다.

2장

국가안보의 법철학적 이념

사회계약 이론은 국가를 계약, 즉 사회 구성원인 국민적 합의의 산물로 파악하는 국가탄생 이론이다. 토머스 홉스, 장 자크 루소, 존 로크가 대표적인 사회계약론자들이다. 사회계약론의 출발점은 어떤 통치 질서도 구축되어 있지 않은 자연상태에 대한 가상체험에서 시작한다. 자연상태는 국가가 탄생하기 이전의 상태를 말한다.

자연상태는 단적으로 이 땅에 국가나 입법부가 만들어지기 이전의 상태이다. 사람들은 자연상태에서 사회계약을 체결하여 국가를 탄생시킨다. 사회계약을 체결하여 자연상태를 벗어나 국가상태로 들어가려는 것은 불안전함을 안전함으로 바꾸기 위함이다. 사람들이 자기의 천부인권을 모두 함께 그리고 동시에 양도하거나 위탁하면서 이루어진다. 따라서 이제 사회는 더 이상 혼란스럽지 않게 된다. 사람들이 사회계약을 체결하여 탄생한 국가는 생명·자유·재산을 철저하게 보호해 줄 것을 약속한다. 또한 사람들은 사회계약으로 탄생한 국가에서는 다수결에 의해 정해지는 법과 규칙에도 따르기로 약속한다. 사람들은 자신의 권한을 자기가 태어난 국가에 이양한다. 실제로는 완전한 권리양도가 아니라 일부만을 맡기는 권리의 위탁이다. 여전히 주인은 자기이다.

3장
국가안보의 이념

국가안보는 바로 국가 탄생의 목적, 즉 사회계약의 내용을 지켜 주는 것이다. 그러므로 국가안보의 정치철학적 목적은 바로 사회계약의 내용을 지키는 것이다. 사람들은 천부인권을 보다 더 효과적이고 안전하게 지키기 위해서 국가를 창설한 것이다. 논리의 당연한 결과로 국가의 임무는 안전보장을 확보하는 것에 있다.

따라서 일반시민들의 생명·자유·재산을 수호해 주는 것이 가장 커다란 국가안보의 이념이다. 제도적으로는 자유민주주의를 지켜 주는 것이 가장 핵심적인 국가안보의 이념이다. 국가안보가 결코 특정한 대통령을 지키는 것이 아니다. 북한처럼 3대 세습 체제를 지키는 것이 국가안보가 아니다. 특정한 정권을 지키는 것이 국가안보의 이념이 아닌 것이다. 국가안보의 숭고한 이념은 일반시민들의 천부인권과 자유민주주의를 지켜 주는 것이다.

국가의 존재이유, 국가권력의 한계

국가는 사회계약을 통하여 통치 권력의 정당성을 확보받았다. 따라서 공권력의 행사는 만인을 위한 보편적인 이익에 부합하는 경우에만 적법하다. 국가는 일반시민들의 생명·자유·재산을 철저히 보호해 주겠다는 조건으로 탄생한 피조물이다. 그러므로 사회계약으로 탄생한 국가는 자기 마음대로 할 수 있는 절대자는 아니다. 여기에 국가의 한계가 있다. 결국 시민들의 합의에 의해 탄생한 합법 정부의 권한, 그러므로 합의에 의해 성립된 정부의 한계는 시민들의 천부적인 권리를 최대한 보호하고 존중해 주어야 한다는 지상명령에 따르게 된다.

논리의 당연한 귀결로 존 로크는 자연권을 위태롭게 할 수 있는 절대국가에 맹렬히 반대했다. 존 로크에게 있어서 국가의 임무는 일반시민의 생명·자유·재산에 대한 안전을 최대한도로 보장하는 것에 집중하는 국가여야 한다. 따라서 최소국가, 즉 야경국가가 국가 본래의 모습이다. 왜냐하면 자연상태에서의 불안전함을 안전하게만 해주면 인생은 사람이 살아가면서 스스로가 만들어 가는 것이기 때문이다. 야경국가는 국가의 임무를 대외적으로는 국토방위, 대내적으로는 치안질서의 확보 그리고 시민 모두의 이익을 위한 최소한도의 공공사업에 국한하고 경제활동 등 나머지는 개인의 자유에 맡기는 것이 바람직하다는 국가관이다. 따라서 최소국가를 자유주의 국가 또는 자유국가라고 한다. 최소국가는 오늘날의 적극국가의 대명사인 복지국가·행정국가와 상반되는 모습임을 정치지도자들은 깨달아야 한다. 인권의 최고가치인 자유의 입장에서 볼 때 국가의 역할은 외적의 침략을 막고 내부적으로는 치안질서를 지켜주는 것에 있다.

여기에서 한 가지 유념해야 한다. 일부 시민들이 정부가 자기 마음에 들지 않는다고 사회계약을 파기하고 정권교체를 외칠 수 없다는 사실이다. 사회계약을 믿고 따르는 더 많은 사람들이 있기 때문이다. 사회계약을 파기하려는 극렬한 범죄적 불만표출은 법치의 단죄를 받게 된다. 하지만 법의 단죄 이외에 해결책이 없는 것도 아니다. 다수결로 탄생한 정권에 불만을 가진 사람들에게도 은둔생활을 하거나 해외여행을 하거나 국적을 포기하는 등 또 다른 선택의 길은 많다.

자유와 민주주의의 수호자, 국가정보

국가안보는 정보력과 군사력을 동원하여 국가의 생존을 확보하라는 사회계약이 요구한 명령이다. 그런데 사회계약의 내용에 대한 위반은 국가가 수립된 이후에도 지속적으로 이어진다. 일반의지에 대한 도전과 위협은 대내외적으로 끊임없이 이어진다. 이 경우에 대외적인 적대세력으로부터의 수호자가 전시에는 군대이고 평화 시에는 국가정보기구이다.

변모하는 글로벌 무한경쟁의 오늘날, 국가안보 위협은 전통적인 상대 국가에 의한 군사력 위험만이 아니다. 국제범죄조직, 마약세력(마약 카르텔), 국제테러조직, 비정부기구 등 비국가행위자들에 의한 안보위협이 높아졌다. 이러한 상황에서 국가안보의 정치 철학적 이념은 단적으로 국가 탄생의 목적을 지켜주는 것이다. 따라서 국가안보 이념을 사회계약론과 연결시켜 본다면 국가안보란 존 로크가 설파한 사회계약의 목적을 달성하는 것이고, 장 자크 루소가 말한 일반의지를 제대로 수호하는 것이다. 당연한 논리 구조로 사회계약을 체결하여 국가상태로 들어온 일반시민들은 자연상태에서의 일방 독단적이고 방종적인 자유를 구가할 수 없을 것임이 자명하다.

CIA 존 브레넌 국장의 가르침

천부인권을 포함한 국가 정체성의 수호가 국가안보의 핵심적인 이념임은 미국 국가안보의 수문장인 CIA 존 브레넌(John O. Brennan) 국장이 제237회 독립 기념일을 기리면서 행한 2013년 7월 3일의 연설에서도 잘 나타난다. CIA 국장의 그 연설은 매우 논리적이고 학문적이기까지 하다. 존 브레넌 국장은 다음과 같이 역설했다.

"지난 66년 동안 CIA의 이름 없는 남·여 정보 요원들이 미국 일반 시민의 자유와 안전을 위하여 행한 그 무한한 헌신을 치하한다."

민주주의(Democracy)

오늘날 많은 사람들은 민주주의는 누구나 누릴 당연한 제도인 것으로 생각한다. 과연 그럴까? 민주주의는 국가의 주권이 국민에게 있고 국민을 위하여 정치를 행하는 제도나 사상을 말한다. 소수 특권층의 귀족제나 1인 지배인 군주제, 독재체제에 대응하는 개념이다. 민주주의는 그리스어 데모크라티아(Demokratia)에서 유래한다. 국민을 의미하는 데모(Demo)와 지배를 의미하는 크라토스(Kratos)의 합성어이다. 따라서 자기지배의 원리가 민주주의의 핵심이다. 민주주의가 무엇인지를 가장 알기 쉽게 설명해 준 사람이 바로 에이브러햄 링컨 대통령이다. 링컨의 게티즈버그 연설은 미국 역사상 가장 위대한 연설로 손꼽히고 민주주의의 핵심을 말해 준 인류의 웅변이었다.

국민의! 국민에 의한! 국민을 위한 정부!

그렇다!

민주주의의 중심에는 국민이 있다. 평범한 일반시민이 민주주의의 핵심인 것이다. 국가는 소수 특권자를 위한 조직이 아니다. 국가는 또한 선동자를 위한 (따라서 계급투쟁을 위한) 조직도 아니다.

게티즈버그 연설의 내용은 300단어가 채 안 되며 연설은 불과 2~3분 만에 끝이 났다. 하지만 그 연설은 흑인 노예해방을 위한 남북전쟁이 자발적인 국민들의 '자유의 재탄생'을 위한 투쟁임을 상기시켜 주었다.

그런데 민주주의는 철학적으로는 매우 이상적이지만 현실에서는 결코 쉬운 정치제도가 아니다. 스스로가 스스로를 지배한다는 자기지배의 원리에는 막중한 책임이 따르기 때문이다. 단적으로 국제인권 비정부기구(NGO)인 프리덤하우스의 보고에 따르면 2012년 현재 전 세계 자유국가는 약 46%인 90개국에 지나지 않는다. 민주주의의 핵심인 선거민주주의 국가는 2007년에 64%로 정점을 찍은 뒤에 매년 떨어져 2011년에는 59%로 하락했다. 민주주의는 그만큼 쉽지 않은 제도이다. 민주주의가 결코 목적이 아니다. 민주주의는 여러가지 정치제도 가운데 채택된 정치수단의 하나이다.

일반시민이 주인이라는 민주주의는 이상적으로는 매우 바람직하다. 하지만 현실적으로는 오도된 정치인들에 의한 선동과 시민들의 방심과 무관심으로 또 다른 선동 특권층을 만들어 주권자들을 세뇌한다는 커다란 부작용이 있다. 모든 시민들이 직접 정치에 참여하는 것이 불가능한 오늘날의 정치 환경에서 선거는 민주주의의 꽃이다. 그런데 많은 경우에 민주주의는 거수 민주주의, 즉 선출 민주주의로 전락한다. 수단과 방법을 가리지 않고 선거에서 낙점된 정치인들은 민주주의가 제공하는 온갖 특권을 누리면서 다음 선거 때까지 슈퍼갑(甲)으로 군림한다. 따라서 적지 않은 나라가 민주주의를 포기하고 심지어 일당이나 1인 독재 체제로 회귀하는 것이 국제사회의 현실인 것이다. 민주주의는 이성을 가진 깨어 있는 평범한 일반시민이 중심에 위치할 때만 제대로 작동할 수 있는 제도이다. 교육이 필요하고 중요한 이유이다.

그리스, 위대한 시민의 나라, 민주주의를 생각하다

지금으로부터 약 2,600년 전, 고대 그리스 아테네인들은 매우 이상한 생각을 했다. 그 시대에 어떻게 다음과 같은 생각을 할 수 있을까? 아테네인들은 혈육과 재산, 출신과 능력에 관계없이 모든 시민은 동등하다고 생각했다. 평범한 다수의 결정이 뛰어난 소수의 의견보다 우월하다고도 생각했다. 그리고 공동체는 소수의 특권계층을 위해서가 아니라 모든 구성원을 위해서 존재한다고 생각했다. 그러기 위해서 시민들은 교육을 받아야 하고 결정하기 전에 고뇌해야 한다고 생각했다. 마지막으로 행동에는 책임이 따른다고 생각했다. 그리고 아테네인들은 자기지배, 즉 민주주의를 채택했다.

그 무렵 그런 생각은 광기였고 이단이었다. 약육강식이 대세였던 당시로서는 매우 이상한 생각을 가진 그리스 아테네인들이 인류 역사상 처음으로 민주(民主)라는 아이디어를 내놓고 제도화시켰다. 그들은 자기지배가 권리와 자유를 지켜 줄 수 있는 최고의 제도적 장치라고 생각했다.

민주주의를 위한 여정, 시작하다

하지만 대내외적으로 민주주의에 대한 도전은 끊임없이 이어졌다. 그리스인들은 자신들이 창안한 민주주의를 지키기 위해, 즉 자유를 지키기 위해 싸웠다. 민주주의의 성지인 프닉스(Pnyx) 언덕과 아고라와 아크로폴리스 광장이 민주주의의 참모습을 말해 준다. 프닉스 언덕은 인류 역사상 최초로 민주주의를 실천한 곳이다. 민회 개최를 알리는 연기가 프닉스 언덕에서 피어나면 아테네 시민들은 그곳에 모여 주인의 의무를 수행했다. 일반시민들은 아고라 광장에 모였다. 아고라는 '모이다'라는 의미로 열린 회의의 장소이다. 정사각형 공간인 아고라에서 일반시민들은 국방의 의무를 수행하거나 왕의 통치 발언을 청취하기도 했다.

기원전 2333년 하늘 신 환인의 손자이며 환웅의 아들인 단군왕검이 아사달에 도읍을 정하고 고조선을 세웠다. 이후 일제치하에서 독립하여 1948년 제헌 헌법으로 민주주의를 도입하기까지 약 4,300년 동안 임금님에 의한 1인 통치를 당연한 제도로 생각했다. 우리는 기껏해야 65년 민주주의 역사를 가지고 있을 뿐이다. 우리의 역사에서 평범한 일반시민이 나라의 주인이라고 자각했던 것은 길지 않다. 타의에 의해서 민주주의가 채택된 짧은 역사를 가진다. 그럼에도 오늘날 민주주의가 퇴색했느니, 죽었느니, 살았느니 투쟁과 선동과 불만과 욕구가 밑도 끝도 없이 분출한다.

고대 아테네 민주주의의 아버지, 클레이스테네스

고대 그리스 시대에 민주주의를 제도적으로 완성한 사람이 클레이스테네스이다. 그는 1인 독재자 지배의 참주정치를 혐오했다. 그는 상업을 중시하고 돈의 가치를 인정하여 상인계급도 의사결정에 참여하는 정치제도를 주창했다. 그러나 민주주의는 단순한 발상의 전환으로만 이루어지는 제도가 아니다. 클레이스테네스가 말한 원형 민주주의의 3가지 조건이 말해 준다. 첫째, 도편추방(ostracism), 둘째, 민회 중심의 정치, 셋째, 국민대통합 정책인 이퍼니머스 히어로스(Eponymous Heroes)가 필요했다.

도편추방, 즉 오스트라시즘은 선동정치인을 막기 위한 장치이다.

아테네 시민들은 매년 스스로가 판단하여 선동적인 정치인을 도자기 조각에 이름을 써서 정해진 곳에 넣었다. 6,000표를 얻은 정치인은 10년간 국외로 추방된다. 아테네 시민들은 도자기 조각에 민주주의 체제에 위협이 될 만한 사람이나 독재자가 될 위험이 있는 사람의 이름을 쓰고 10년간 나라 밖으로 추방했다. 아테네 민회는 아테네 최고의 권력기구였다. 민회에는 18세 이상의 아테네 시민이 참여했다. 참여자들은 모두 동등한 발언권을 가졌고, 정책과 법률을 표결로 결정했다. 소수의 귀족 또는 참주가 밀실에서 나라를 움직이는 일은 없어졌다. 다수의 공동체 구성원이 직접 국정에 참여하여 논리적이고 설득력 있는 제안을 하면 토론을 통해서 정책으로 채택되었다. 다수결 원리이다.

강남, 대구, 광주, 부산 사람을 하나로!

지역분열과 갈등은 고대 그리스 아테네에도 있었다. 그러나 지역분열과 갈등을 방치하고서는 민주주의가 제대로 작동되지 않음을 그리스 원형 민주주의가 말해 준다. 원래 아테네는 4개 부족으로 분열되어 있었다. 혈연과 지연에 집착하는 민족성으로 인해서 아테네 전체보다는 지역의 이익에 더 커다란 관심을 가졌다.

그러나 클레이스테네스는 생각했다. 자신이 속한 부족이나 가문 그리고 지역의 이해관계를 앞세우면 아테네라는 공동체 전체의 이익은 뒷전으로 밀린다. 그러면 자기의 지배를 원리로 하는 민주주의는 불가능하다. 개별적인 이기주의를 극복하지 않으면 민주주의는 불가능하다. 클레이스테네스는 아테네 지역이기주의를 대대적으로 개혁하기로 결심했다. 핵심은 전통적인 4개 부족을 완전히 해체하는 것이었다. 그는 모든 아테네 시민을 헤쳐 모이게 했다. 그리고 새로운 10개 부족을 창안했다. 창안한 10개의 부족에는 가공의 조상을 부여했다. 그들이 바로 이퍼니머스 히어로스였다.

이퍼니머스 히어로스, 시조가 된 영웅들

이피니머스 히어로스는 새로운 부족의 시조가 된 영웅들을 의미한다. 이 아이디어는 국민 대통합을 위한 클레이스테네스의 것이지만 아테네 시민들의 성찰적 동의가 있었기에 가능했다. 광주, 부산, 전주, 대구 사람들이 서로 헤쳐 모인다! 이제 새로운 시조의 후손들이니 싸우지 말고 사이좋게 의논해서 지내라! 따라서 이제 지역을 기반으로 한 귀족들의 권력기반은 완전히 해체되었다. 지연과 혈연이 아닌 합리적인 능력으로 일반시민들의 평가를 받게 된 것이다.

자기지배를 원칙으로 하는 민주주의는 이성적 인간의 본성에 부합하는 가장 훌륭한 정치체제임에는 틀림이 없다. 하지만 민주주의는 그냥 채택만 하면 작동되는 그런 단순한 제도가 아니다. 성숙한 시민의식을 바탕으로 하고 선동가들은 배제되고 합리적이고 이성적인 논의의 장이 전제될 때에만 가능한 정치체제이다. 국가안보는 바로 이러한 참된 민주주의 그리고 민주주의에서 파생되는 삼권분립 같은 정치원리를 수호하려는 주권국가의 노력이다. 따라서 국가정보는 평화 시의 소리 없는 전쟁을 통해서 진정한 민주주의를 수호하기 위한 수문장인 것이다.

자유와 민주주의는 공짜가 아니다

또한 역사는 보여준다. 민주주의는 결코 거저 지켜지는 것이 아니다. 일찍이 고대 그리스 아테네의 민주주의는 동양과 서양의 최초 충돌인 페르시아 전쟁에서 붕괴 위기를 맞았다. 역사에 가정은 없지만 3차례 이어진 페르시아 전쟁에서 그리스 도시국가들이 패퇴했다면 인류의 역사에서 민주주의가 이어졌을지는 미지수이다. 동서양 최초의 충돌인 페르시아 전쟁은 동양의 전제군주정과 서양의 민주주의가 격돌한 문명충돌 전쟁이었다. 페르시아 군대 앞에 그리스 연합군은 초라하기 그지없었다. 그러나 페르시아 군인들은 싸움에서 이기건 지건 여전히 1인 독재군주의 부속품이다. 하지만 그리스 시민들은 달랐다. 그들은 스스로가 주인이다. 그런데 만약 전쟁에서 지면 노예로 신분이 180도 바뀌게 되는 것이다. 이에 그리스 시민들은 자발적으로 힘을 모아 싸웠다. 페르시아 100만 대군도 두려워하지 않았다.

BC 490년 페르시아의 다리우스 대왕이 보낸 페르시아 원정군은 아테네를 공략하기 위하여 마라톤 광야에 상륙했다. 아테네는 최고의 무관 칼리마코스 지휘하에 약 1만의 중장 보병군으로 마라톤 광야가 내려다보이는 산기슭에 포진했다. 기회를 엿보던 아테네군은 선제공격으로 페르시아군을 크게 무찔렀다. 그리스의 용사 페이디피데스가 근심과 걱정에 싸인 일반시민들에게 승전의 기쁨을 알리기 위해 마라톤 전장에서 아테네까지 달렸다. 그는 "우리가 이겼노라."라고 아테네 시민에게 알리고 숨졌다. 그가 달린 42.195㎞ 거리가 오늘날 올림픽 마라톤 경주의 기준거리가 되었다.

제2차 페르시아 전쟁에서 그리스 민주주의는 최대 파멸의 위기를 맞았다. 아버지 다리우스의 뒤를 이은 페르시아의 젊은 대왕 크세르크세스가 100만 대군을 이끌고 그리스로 다시 쳐들어왔다. 스파르타 왕 레오니다스 1세가 천혜의 협곡 테르모필레에서 300명의 전사로 침략군을 맞았다. 레오니다스는 '사자의 아들'이란 뜻이다.

레오니다스는 자신과 함께 떠날 300명의 자유의 전사를 직접 선발했다. 용맹과 결단력 그리고 대를 이을 아들이 있는 용사를 선발했다. 최고의 전사 가운데서도 여한 없이 죽을 수 있는 자만 선발한 것이다. 테르모필레 전투가 시작되었다. 테르모필레 협곡은 한쪽은 절벽이고 다른 쪽은 바다로 길목만 지키면서 방어전을 펼치기에 완벽한 지형조건이었다. 깎아지른 산맥과 바다 사이에 형성된 긴 협로로 가장 좁은 지점은 폭이 15미터에 불과했다. 테르모필레는 '뜨거운 문'이라는 뜻이다. 협로 앞에 뜨거운 온천이 솟아나는 샘이 있기 때문이라고 한다. 무모한 진입을 시도하는 페르시아 대군의 피해는 커져만 갔다.

300명의 전사, 100만 대군과 맞서다

레오니다스 왕을 중심으로 똘똘 뭉친 300명의 근위대는 사랑, 국가,

자유를 위해 전부를 걸었다. 페르시아 100만 대군을 이끄는 페르시아 왕 크세르크세스는 무기를 내려놓고 항복하면 목숨을 살려주겠다고 종용했다. 그러나 죽음을 각오한 300명의 전사를 이끄는 스파르타 왕 레오니다스는 단호했다. "와서 가져가라(Molon Labe)!" 300인인 전사는 합심하여 자유를 결코 포기할 수 없다고 외쳤다. 내 자유(생명권)를 원한다면 와서 가져가라! 결코 자유를 포기할 수 없다. 그리스 시민의 자유를 위해서 죽음으로써 싸운다. 레오니다스 왕은 죽음을 불사하는 300인의 전사들에게 당당하게 외친다.

"오늘 저녁은 지옥에서 먹는다!"

그런데 조국을 배반한 스파이 때문에 300인 전사 모두는 장렬하게 전사했다.

스파이, 조국을 등진 배반자!

거의 언제나 그러하듯이 적은 바로 내부에 있었다. 엄청난 화력을 자랑하는 무수한 최신 병기가 등장한 제2차 세계대전의 승패를 좌우한 것도 결국에는 정보였다. 조국을 사랑한 스파이, 조국을 배반한 스파이들이 전장의 명운을 결정했다. 밀고자가 테르모필레 전쟁의 승패를 바꾸었다. 그곳의 지형지물을 손바닥처럼 꿰뚫었던 배반자 에피알테스(Ephialtes)가 페르시아 군대에게 작은 샛길을 누설했다.

처음부터 피로 지켜진 민주주의

배신자에 의해 테르모필레는 뚫리지만 이번에는 아테네 해군이 주축이 되어 맞은 살라미스 해전에서 그리스 연합군은 결국 페르시아 군을 무찌르고 그리스의 자유와 민주주의를 수호했다. 페르시아 전쟁은 동양과 서양 문명이 최초로 충돌한 전쟁이다. 3차례에 걸친 전쟁에서 결국 그리스 폴리스가 승리했고 서구라는 개념을 탄생시켰다. 그것은 자유를 위한 전쟁이었고 민주주의를 사수한 전쟁이었다. 오늘날의 현대문명은 서구의 기준과 가치를 기반으로 형성되고 발전했다. 유럽 전체 면적이 중국 한 개의 국가 면적에도 미치지 못한다. 인구수도 그렇다. 그런데 어떻게 유럽이 현대문명의 원류가 될 수 있었을까? 그것은 서양이 동양보다 면적이 넓거나 인구가 많기 때문이 아니었다. 막강한 군대 때문도 아니었다. 그것은 서양이 자유·인권·정의·법치 등 정신적 가치에서 동양보다 앞섰기 때문이었다.

길손이여, 가서 전해 주오!

그리스 시민들은 민주주의와 자유수호의 전사 스파르타 왕 레오니다스의 기념비를 테르모필레에 세웠다. 기념비에는 "길손이여, 가서 전해 주오. 조국의 명을 받아 우리 여기 누워 있노라고!"라고 적었다. 그리고 결연히 목숨을 바친 300인 전사의 이름도 일일이 적어 넣었다. 역사는 테르모필레 전투를 일컬어 조국 땅을 지키려는 애국적인 자유수호의 상징이라고 평가하는 데 주저하지 않는다. 300인의 전사는 민주주의와 자유가 결코 거저 오지도, 지켜지지도 않음을 보여주었다. 몸을 던져 자유수호를 실천한 300명의 위대한 스파르타 전사들은 민주주의와 자유를 위해 죽음조차 두려워하지 않았다.

자유민주주의가 역사의 전면으로

역사에 가정은 무의미하지만 과연 페르시아 제국의 1인 독재자인 아버지 다리우스나 아들 크세르크세스가 그리스 연합군을 멸망시켰다면 그래도 민주주의는 부활했을까? 이후에 그리스를 통일한 알렉산더 3세가 페르시아를 정복했고 유럽, 이집트, 아프리카, 중동, 동방을 정복했다. 단순한 영토정복이 아니었다.

그리스 문명을 동양으로 전파했다. 그때 퍼져 나간 서구문명의 영향으로 이탈리아 반도에는 로마제국이 생겼다. 로마제국이 다시 지중해와 유럽을 지배했다. 이후 영국 문명이 미국으로 이어졌다. 자유와 민주주의를 바탕으로 하는 서양문명은 그렇게 전 세계로 뻗어 나갔다.

4장

그렇다면 자유란 과연 무엇인가?

주권국가의 국가안보는 국가의 존속·발전·위신을 확보하고 국민의 자유와 생명과 재산을 지켜 주는 것이다. 너무나도 당연하게 대한민국의 정체성은 최고 규범인 헌법에 나타난다. 대한민국 헌법은 정치적으로는 자유민주주의적 기본질서를 결단했다. 대한민국은 귀족정치나 1인 독재지배 또는 전체주의를 배격하고 자기지배를 원리로 하는 민주주의를 택했고 그 가운데서도 평등민주주의나 민중민주주의가 아닌 자유민주주의를 정치체제로 결정했다. 한편 경제적으로는 자유시장경제질서를 결단했다. 계획경제나 통제경제체제를 거부한 것이다. 원칙적으로 무한한 경쟁을 지향하는 자유시장체제는 빈부격차를 비롯한 많은 부작용이 따른다는 것을 역사는 잘 보여주었다. 그러나 오늘날 인류의 문명발전과 삶의 융성은 20세기 들어서 얼마 되지 않는 그 짧은 시간 동안에 대부분 이루어진 것이다. 그 중심에 자유시장경제질서가 있다.

자유시장은 눈에 보이지 않는 손에 의해 전국 방방곡곡, 전 세계 그 어디에라도 찾아가고 활동하는 마력이 있다. 결코 계획경제나 통제경제로는 이룰 수 없는 일들이다. '보이지 않는 손'은 인류가 발견한 마법의 손이다. 보이지 않는 손은 자율적으로 작동한다. 눈에 보이지 않는 손은 바로 이성적인 인간의 자유의 손인 것이다. 많은 경우 국가권력의 오만이 눈에 보이지 않는 손을 제쳐 두고 앞장서서 잘해 보려고 했지만 결국 풍선효과만 초래하고 부작용만 불러왔다. 이는 눈에 보이지 않는 자유의 손의 값어치를 잘 일깨워 준다. 결국 자유시장경제질서는 인간의 본성에 가장 부합하는 경제질서인 것이다.

자유는 영어로는 리버티(Liberty), 또는 프리덤(Freedom)이라고 한다. 간략히 말하여 리버티는 구속이나 억압으로부터의 해방된 자유이다. 프리덤은 자연상태에서 부여받은 원래의 자연스런 모습 그대로의 자유를 의미한다. 여하튼 그렇다면 자유란 과연 무엇일까? 자유란 무엇이기에 대한민국 헌법도 정치적 그리고 경제적 결단의 중심적인 가치로 채택한 것일까? 많은 사람들은 말한다. 자유란 그냥 하고 싶으면 하고, 하고 싶지 않으면 하지 않을 수 있는 인간의 특권이라고. 과연 그럴까?

자유를 그렇게 생각하는 것은 사실 자유에 대해 제대로 교육을 받아 보지 않았기 때문이다. 학교 교육의 현장에서 자유나 인권을 가르치지는 않는다. 많은 사람들은 자유나 인권 그 자체가 아니라, "(자유나 인권이) 침해당했다. 보장되지 않는다!"처럼 그것이 없어지는 경우에 집중한다. 자유, 인권, 민주주의, 정의에 대해서는 교육이 없어서 사실은 잘 알지 못하는 것이다.

단적으로 자유는 하고 싶으면 하고, 하고 싶지 않으면 하지 않을 수 있는 그런 개념이 아니다. 자유란 인류가 인권투쟁의 역사에서 획득한 투쟁적인 개념이면서도 또한 매우 논리적이고 철학적인 개념이다. 자유란 매우 까다롭고 엄중한 개념이다. 자유는 3가지 방향에서 그 진정한 의미를 알아볼 수 있다. 자유의 개념을 가장 진솔하게 아는 방법은 먼저 자유에 대한 인류 최초의 약속문서에서 자유의 의미를 찾아보는 것이다.

인류 최초의 자유에 대한 약속문서, 마그나 카르타

자유에 대한 인류 최초의 약속문서는 지금으로부터 약 800년 전인 1215년 6월 15일 작성되었다. 배신의 달인이자 실지(失地)왕으로 불린 무능한 존(John) 왕이 런던 근교의 러니미드 대평원에서 자유 앞에 무릎을 꿇었다. 인류 최초의 자유문서는 그렇게 탄생했다. 그것이 바로 마그나 카르타(Magna Carta)이다. 마그나 카르타는 영어로는 자유의 대헌장이라고 한다. 명칭이 말해주듯이 마그나 카르타는 자유에 대한 약속문서이다. 국왕이라고 할지라도 법적 절차를 존중하며, 국왕이 할 수 있는 일과 할 수 없는 일을 문서화한 것이다.

싸웠다 하면 지기만 하여 실지왕이라고 불리는 존 왕은 프랑스와 영토전쟁을 명목으로 조세를 대폭 상향 조정했다. 프랑스와의 전쟁에서 크게 패하여 노르망디의 대부분을 빼앗겼고 교황과의 충돌로 인해 파문을 당했다. 존 왕은 영주들과 대립 관계에 놓였고 교회와도 맞섰다. 과도한 세금을 매기는 존 왕에게 귀족과 성직자들이 반발한 것은 당연했다. 결국 존의 실정에 견디지 못한 귀족들이 런던 시민의 지지를 얻어냈다. 귀족들은 왕에게 압력을 넣어 템스 강변의 러니미드에서 왕의 항복을 받아 냈다. 제39조는 다음과 같이 말한다.

"자유민은 동등한 신분을 가진 자에 의한 합법적 재판 혹은 국법에 의하지 않고서는 체포, 감금, 추방, 재산의 몰수 또는 어떠한 형태의 고통도 받지 않는다."

이제 왕이라고 할지라도 시민의 자유를 마음대로 박탈할 수 없다. 자유는 너무나도 소중하기 때문이다. 그렇다면 마그나 카르타는 그토록 소중한 시민의 자유를 어떻게 개념·정의할까? 자유의 약속문서인 마그나 카르타를 모시고 있는 러니미드 대평원의 원형신전이 웅변으로 말해 주고 있다.

Commemorate Magna Carta
Symbol of Freedom Under Law
법 아래 자유의 상징인 마그나 카르타를 기리며!

그렇다!

인류 최초의 자유의 약속문서는 자유란 바로 법 안에서의 개념이라고 설파한다. 따라서 법을 무시하는 행동은 자유가 아니다. 자유가 결코 힘의 논리가 아니라는 말이다. 힘에 의존해서 마음대로 행동하는 것을 자유라고 하는 경우에는 그 어떤 자유도 지켜질 수 없기 때문이다. 자유는 결코 힘의 논리가 아니다. 자유는 인종, 성별, 직업, 정치적 의견, 사회적 신분에 무관하게 만인에게 공평한 것이다.

법 안에서의 자유! 이것이 바로 제1의 자유 개념이다. 1620년 영국 뉴잉글랜드에서 종교적 박해를 피해서 신대륙을 찾았던 최초의 이민 청교도 102명은 그들의 복음인 성경과 자유의 상징인 마그나 카르타 사본을 가지고 갔다. 이에 오늘날 미합중국의 이념적 지주는 민주성과 개방성이다.

자연상태에서 유래한 내재적 한계를 갖는 자유

사회계약론을 설파한 존 로크는 생명권·자유권·재산권이라는 천부인권론을 주창했다. 천부인권론은 자유의 내재적 한계를 명료하게 일깨워 준다. 인간이 그냥 인간이라는 이유만으로 가지는 생명권, 자유권 그리고 재산권이라는 천부인권은 이 땅에 정부가 오기 전에, 이 땅에 입법부가 창설되어 법으로 사람들의 권리를 정하기 이미 오래전에 갖는 권리이다. 자유는 권력자나 국가나 국회가 준 것이 아니다. 천부인권은 자연에서 유래한 것이다. 그래서 천부인권을 자연권이라고 한다. 자유는 천부인권론의 핵심이다. 천부인권인 자유도 자연에서 온 것으로 자연의 속성을 가지고 있다. 그러므로 자유의 개념은 자연상태에서의 자유의 개념과 동일하다. 그렇다면 자연상태의 자유는 어떨까?

존 로크는 말한다. 자연상태는 자유의 상태이다. 그러면 자연상태는 아무런 제약이 없는 마음대로일까? 로크는 자연상태의 자유는 결코 방종적으로 무한하지 않고 그럴 수도 없다고 말한다. 로크는 자연상태의 자유에는 규칙적인 제약이 자연스럽게 따른다고 말한다. 자연상태는 영원한 자유의 상태가 결코 아니라는 것이다. 곰곰이 생각해 보면 사실 아무리 자연상태라고 하더라도 어떤 법이 있기 마련이다. 물론 자연상태의 법은 입법자들이 제정한 법, 즉 실정법은 아니다.

자연법은 아무런 구김이 없는, 말 그대로 자연의 법이다. 그런데 자연법은 우리가 아무리 자유로운 존재라고 하더라도 마음대로 그리고 무한정 자유롭게 할 수 있는 것을 자연적으로 제한한다. 사물의 이치적으로도 자연에 의한 자연스러운 제한이 필연적으로 수반된다. 자연은 무서우리만치 한 치의 오차도 없이 서로 제약과 구속을 요구하면서 조화를 이루어낸다. 단적으로 낮은 영원히 낮일 수가 없다. 어김없이 밤에게 양보한다. 물은 높은 곳에서 낮은 곳으로 한 번 흘러가면 결코 다시 높은 자리로 치받아 올라갈 수 없다. 봄은 여름에게, 여름은 가을에게, 가을은 겨울에게 그리고 겨울은 봄에게 반드시 그 자리를 양보한다. 그러면서도 자연은 가장 조화롭게 평화를 유지한다. 여름은 가을의 문턱에서 멈춘다. 이처럼 타인의 자유의 시작점이 내 자유의 종착역인 것이다.

그러므로 자연상태에서 연유한 자유도 결코 방종적으로 무한할 수가 없다. 자연상태에서도 자연스러운 제약이 필연적으로 따른다. 이것이 자유의 자연스러운 속성이다. 자연상태에서도 일방의 절대적이고 무한정한 자유는 결단코 존재할 수 없다. 그런데 자연에 의한 자연스러운 제한의 이유는 자유의 속박을 위해서가 결코 아니다. 자연적인 제약은 오히려 자유를 최대한도로 보장해 주기 위함이다.

자연에 의한 자연스러운 제한에는 2가지가 있다. 첫째, 자연상태에서의 나는 다른 사람의 생명·자유·재산을 빼앗을 수 없다는 제약이다. 둘째, 자연상태에서의 나는 내 자신의 생명·자유·재산을 포기할 수 없다는 제약이다. 그러므로 자연상태에서 자유롭다는 말의 진정한 의미는 나의 자연권을 포기할 수도 없음과 동시에 타인의 자연권을 강탈할 수도 없다는 의미이다. 따라서 자연적인 제약으로 인해 자연상태에서의 나는 사실은 자유로운 존재가 아니다. 책임과 의무 즉 자유의 한계가 필연적으로 수반된다.

비록 나는 자유인이지만 사실은 그렇지 않다(Even though I'm free, I'm

not free!)라는 말은 자유의 의미를 잘 말해 준다. 이것이 바로 자유의 진정한 내용이다. 비록 내가 자유롭지만 방종하게 자유롭지 못하다. 그러므로 나는 자살할 수도 없고 스스로를 노예상태로 속박할 수도 없다. 단적으로 자살은 극단적인 천부인권의 포기이다.

자유는 본질적으로 무한할 수 없다. 자유의 속성 자체가 제약이고 제한이다. 이것이 바로 존 로크가 말한 자유의 내재적인 한계이다. 내재적 한계의 자유가 2번째 자유 개념이다. 자유는 결코 하고 싶으면 하고, 하고 싶지 않으면 안 하는 방종이 아니다.

이성적 명령으로서의 자유개념

마지막으로 자유의 본령을 설파해 준 사람은 임마누엘 칸트이다. 칸트는 말한다. 자유롭게 행동하는 것은 자율적으로 행동하는 것이다. 자율적으로 행동하는 것은 스스로가 설정한 도덕법에 따라서 하는 행동이다. 영어로 풀어 보면 더욱 이해가 쉽다.

"To act according to the law that I give by myself!"

누가 시키지도 않았는데 스스로가 행위의 방향과 목적을 설정하고 자율적으로 행동하는 것은 개, 돼지 등 짐승은 절대로 불가능한 행동이다. 아무리 아름답다고 해도 장미나 백합꽃은 도대체 할 수 없는 행동이다. 스스로가 행위의 목적 방향을 설정하고 행하는 자율적인 행동은 오로지 인간만이 할 수 있는 행동이다.

인간의 그 어떤 특질 때문에 그것이 가능할까? 인간이 스스로가 설정한 목적 방향, 즉 행위규범에 따라서 행동할 수 있는 것은 인간은 이성(理性)을 가진 존재이기 때문에 가능한 것이다. 그래서 예로부터 이성을 잃은 사람은 인간이 아니라고 했다.

이제 진정한 자유는 명백하다

이제 진정한 자유개념에 대한 결론은 명백해진다. 국가안보의 보호대상인 진정한 자유란 법 안에서의 자유이고, 자연상태에서의 내재적 한계를 갖는 자유이며 그리고 이성적 존재의 자율적인 자유인 것이다. 이 세 가지 조건을 모두 갖춘 자유를 지키기 위해 전쟁에서 군인이 목숨을 바치고, 평화 시의 소리 없는 전쟁에서 정보요원들이 눈에 보이지 않는 세력과 암흑의 전쟁을 벌이는 것이다. 공동체 생활에서 이상의 3가지 조건을 충족하지 않는 행동은 자유로운 행동이 아니다. 그것은 방종이고 파괴이므로 따라서 그러한 행동을 제압

하는 구속이나 제약은 인권침해도 아니고 자유파괴도 아닌 것이다.

이처럼 3가지 조건을 구비한 진정한 자유만이 국가가 보장하는 자유이다. 물론 어느 국가에서나 사회계약에 불만을 갖는 구성원이 있기 마련이다. 그렇다고 자기가 불만이 있다고 폭동과 같은 행위로 공동체 질서를 파괴하면 안 된다. 『정의란 무엇인가?』로 선풍적인 인기를 얻은 마이클 샌델 교수가 잘 지적했듯이 사회계약은 탈퇴가 가능한 임의계약이다. 대한민국 헌법이나 세계인권선언은 일반시민들이 사회계약에서 탈퇴할 자유를 보장한다. 예컨대 국내에서의 거주·이전의 자유는 물론이고 국적포기의 자유, 해외이주의 자유, 본국으로 귀환의 자유를 인권으로 보장한다. 또한 공권력으로부터 부당한 박해를 받는 사람에게는 난민 지위도 허용된다. 결코 자유를 독단적 평가로 파괴해서는 안 된다.

자유를 전 세계로

이러한 자유의 핵심을 갈파하고 자유를 전 세계로 확산하는 데 커다란 역할을 한 영웅이 바로 나폴레옹이다. 나폴레옹은 프랑스의 식민지인 코르시카 섬 출신으로 결코 최고의 지위로는 올라가기 어려운

2류이었다. 그러나 나폴레옹은 1789년 프랑스 대혁명이 인류역사에서 무엇을 의미하는지를 정확히 갈파했다. 프랑스 대혁명은 일반시민에게 자유를 찾아 주는 자유회복의 혁명이었다. 모든 사람은 태어나면서 평등하고 자유인이라는 생각은 2류 출신의 나폴레옹에게는 커다란 용기를 가져다 주었다.

그렇다! 나는 자유인이다. 나의 꿈과 나의 희망을 실현하는 것은 자유인인 나의 의지와 실천에 달렸다는 사실을 나폴레옹은 정확히 알아챈 것이다. 당시만 해도 유럽 전역은 절대왕권을 틀어쥔 전제군주들이 모든 권력을 향유하였고 일반시민들은 절대 왕권의 부속품에 지나지 않았다. 개개인의 꿈과 희망은 스스로가 어떻게 한다고 하여 이룰 수 있는 것이 아니었다. 그러나 대혁명의 자유의 이념을 알아챈 나폴레옹은 프랑스 대혁명의 가치를 유럽 전역에 전파하기로 마음먹었다. 그것이 바로 나폴레옹 정복전쟁이다. 결코 단순한 무력 정복전쟁이 아니었다. 자유라는 이념의 전파와 확산 전투였다. 그동안 압제에 시달리던 일반 시민들이 1789년 바스티유 감옥을 함락시키고, 루이 16세와 허영심에 눈먼 왕비 마리 앙투아네트를 단두대의 이슬로 처형하자 나폴레옹은 직접 프랑스 혁명에 참가했다. 어릴 적부터의 독서로 이성적 판단에 앞섰던 나폴레옹의 진가가 나타났다. 야망의 크기와 방향이 남달랐다. 비록 나폴레옹은 출신은 2류

였지만 혁명의 정신은 창조의 정신이고 바로 개척의 정신이라는 것을 단박에 알아차렸던 것이다.

"그래, 나는 이제 자유인이다! 나는 결코 2류로 머물지 않는다."

누구나 노력하면 무엇이든지 될 수 있는 세상이 되었다. 내 꿈은 내가 실현한다, 이런 외침과 함께 자유를 부정하는 유럽 각국을 정복하러 나섰다. 나폴레옹은 결코 전쟁의 신이 아니다. 전쟁의 모차르트도 아니다. 나폴레옹은 자유의 전도사였다. 나폴레옹은 자유의 진정한 가치가 무엇인지를 인류에게 알려주었다. 자유는 결코 독단적인 권리 주장을 위해 타인의 자유를 방해하거나 공권력에 저항하기 위한 소극적이고 부정적인 가치가 아니다. 자유는 이성적 존재인 인간이 스스로 설정한 꿈과 희망을 실현할 수 있는 창조의 원동력인 것이다. 그러므로 인류 역사에서 자유를 획득한 이성적 존재인 인간이 신과 동격의 존재가 되었다고 평가되는 것이다. 자유는 스스로가 설정한 꿈과 희망을 하나하나 실현해 갈 수 있는 노력과 열망의 원동력이다.

인류는 자유를 통해서 많은 역사적 창조를 이루었다. 역사는 언제나 창조를 통해 발전해 왔다. 역사적으로 가장 위대한 창조시대를 꼽으라면 철학을 꽃피웠던 기원전 약 5세기의 고대 그리스·로마 시대, 그다음으로 예술과 인문학을 드높인 14~16세기의 르네상스 시대,

그리고 이성과 과학의 발달을 함께 가져온 18~19세기의 산업혁명 시대를 꼽는 데 주저하지 않는다. 모두 자유가 밑바탕이 되었다.

그런데 오늘날 공산주의의 또 다른 이름이 자유를 위협한다. 경제 민주화, 보편 복지, 초과이익 공유제, 동반성장, 부의 재분배 등등은 물론 동기에서는 이해할 수 있고 일정 부분은 타당한 면이 없는 것도 아니지만 본질적으로 자유를 위태롭게 할 가능성이 있다는 점에서 매우 신중하게 고려되어야 할 이념들이다. 단적으로 자유를 바탕으로 한 무한창조의 도전을 방해하는 이념들이다. 인류 역사적으로 창조는 남의 것을 빼앗은 침탈이 아니라 남이 생각하지 않았던 영역에서 새롭게 창출해 내는 것이다. 그것은 공산주의의 괴멸을 당연한 논리적 귀결로 설명한 대작 『역사의 종말』의 저자인 스탠퍼드 대학교 프랜시스 후쿠시마 교수가 잘 말해 준다.

"현대 자본주의는 결코 어떤 사람의 희생으로 돈을 버는 구조가 아니다. 새로운 부(富)를 창출해 낸다. 오늘날 실리콘 밸리의 창업가나 소프트웨어 엔지니어는 (다른 사람의 돈을) 훔치지 않고, 새로운 부(富)를 창출한다!"

자유의 방종은 자유의 자살

1215년 시작한 자유의 역사는 겨우 800년에 지나지 않는다. 대한민국의 경우 자유는 일제 치하에서 해방되어 1948년의 제헌헌법을 만든 시점에 비로소 보편적으로 인정되었다. 그럼에도 자유의 파괴, 자유의 종말, 자유의 말세 등과 같이 자유 인플레이션의 부정적 단면이 온 나라를 강타한다. 그러나 역사는 말한다. 자유라는 이름으로 자유를 부정하는 것은 자유의 자살이다.

인류가 너무나도 어렵게 쟁취한 자유를 확고하게 지키기 위해서는 자유의 적에 대해서는 관대할 수가 없다는 것이 자유 무관용의 원칙이다. 그것은 누구라도 자유를 파괴할 자유는 없다는 명제에서 도출된 원칙이다. 독일 헌법수호청이 잘 말해 준다. 헌법 이념의 부정으로 2차례나 세계대전을 경험한 독일은 헌법을 수호하는 것이 국가의 핵심 과제임을 자각하고 국내보안 정보기구로 헌법수호청을 창설했다. 그런데 2012년 2월 독일 좌파 정치인에 대한 대규모 사찰폭로로 커다란 소동이 일어났다. 그 폭로는 헌법수호청이 좌파당 당수 게지네 뤼치, 원내대표 그레고어 기지, 페트라 파우 연방하원 부의장 등 주요 야당 정치인들을 조직적으로 사찰했다는 것이다. 야당은 격렬하게 항의했다.

"민주주의 체제에서 정치인 사찰은 부당하다."

여당 기민당 사무총장 그뢰에는 즉각 대답했다.

"자유민주주의 사회에서 체제변경을 요구하는 자가 감시의 대상이 되는 것은 결코 놀랄 일이 아니다."

주무 책임자인 바르겔 헌법수호청장은 더욱 단호했다. 헌법수호청은 자유를 파괴하려는 좌파당 의원들에 대해 비밀감시를 하고 있고 앞으로도 자유의 위협요소에 대한 감시활동을 계속할 것이라고 힘주어 말했다. 여당 사무총장과 헌법수호청장이 이렇게 단호할 수 있었던 것에는 이유가 있었다. 2010년 7월 라이프치히 연방재판소는 "체제변경의 자유는 자유에 속하지 않는다."고 명확하게 단언했다. 그 누구에게도 자유를 파괴할 자유는 없다는 것이다. 논리의 당연한 결과로 '자유의 적'에게 관용이란 있을 수 없는 것이다.

5장

우리가 깨달아야 할 국정원의 정체성

국가안보는 일반시민의 꿈과 희망의 터전이다. 평화 시의 국가안보 수호자가 국정원이다. 국정원은 소리 없는 전쟁을 벌이면서 자유 수호를 위한 활동을 중단 없이 수행하고 있는 것이다. 일반시민들은 깨달아야 한다. 국정원은 바로 자유민주주의의 적과 중단 없는 싸움을 벌여 자유와 자유민주주의 체제를 수호하는 수문장이라는 사실을 말이다.

국정원은 진정한 자유 수호를 위해서 가짜 자유를 적발하는 활동에 중단 없이 매진해야 한다. 생각보다 훨씬 위험하게 우리 사회에는 자유를 위협하는 위협인자들이 널려 있다.

자유의 위협은 때로는 간첩, 공산주의, 대정부전복세력, 테러 그리고 평범하지만 결정적인 순간에 이웃에게 비수를 겨눌 외로운 늑대로 암흑세계에 존재한다!

3부

국가정보
그리고
국가정보기구

1장

국가정보란 무엇인가?

정보란?

일찍이 KGB 출신으로 CIA로 전향한 이중 스파이 올렉 칼루진(Oleg D. Kalugin)은 "정보에 투자하는 몇 백만 달러로 전쟁에 소요될 수억 달러를 절약할 수 있다."고 말했다. 정보의 중요성을 단적으로 일깨워 준다. 그렇다면 정보란 무엇인가?

정보에 대한 개념 정의는 논쟁적이다. 정보의 대상이 주관적인 관심사로부터 글로벌 주제에 이르기까지 광범위하기 때문이다. 정보학자들의 정보에 대한 개념 정의도 다양하다. 셔먼 켄트는 정보를 국가정책을 위한 지식이며 활동이고 조직이라고 3중적으로 개념 정의했다. 프러시아의 뛰어난 전략가이자 전쟁론의 저자인 클라우제비츠 장군은 '정보는 적국과 그 군대에 대한 첩보'라고 정의했다. 정보는 상대세력의 비밀스러운 의도와 능력에 대한 지식이다. 단적으로 정보는 뉴스이다. 그것도 최신 뉴스이다. 다만 상대세력의 의도와 능력에 대한 지적 통찰력이 가미되어 분석이 끝난 뉴스이다.

지적 통찰력에 기반을 둔 분석이 있어야 한다는 점에서 정보와 첩보는 구별된다. 첩보는 생자료의 단순한 집적이다. 반면에 정보는 수요자의 의도와 목적에 맞추어 좁혀진 내용이다. 그러므로 모든 첩보가 정보는 아니다. 예컨대 북한이 생산한 1급 비밀이라고 할지라도 그것은 우리의 입장에서는 첩보에 지나지 않는다. 북한의 1급 비밀은 분석을 거쳐서 비로소 우리의 최종적인 국가정보로 탄생하게 된다.

국내정보와 해외정보

정보분류 가운데 가장 논쟁적인 것이 국내정보와 해외정보의 구분일 듯하다. 일각에서는 국정원이 정치개입에 빠지는 것은 국내정보와 해외정보 모두를 가진 비대함 때문이라고 비판한다. 그러면 국내정보가 정치개입 정보일까? 전혀 그렇지 않다.

국내정보는 국토 안의 문제에 대한 정보이다. 우리 법은 국내정보를 간첩처럼 외부 불순세력을 막기 위한 보안정보로 한정한다. 대공·대정부전복·방첩·대테러 및 국제범죄조직에 대한 정보가 보안정보이다. 정치적 논쟁가능성이 있는 정보이다.

국외정보는 해외정보라고도 한다. 국가 영토 외의 모든 정보이다. 그러므로 외국뿐만이 아니라 공해, 남극, 북극, 우주에 대한 정보를 모두 포함한다. 국가 영토 내에서의 해외세력에 대한 정보도 해외정보에 속한다.

최고의 지도(BEST MAPS)를 그린다

정보를 생산한다는 것은 최고의 지도, 즉 베스트 맵(BEST MAPS)을 그리는 작업이라고 말한다. 최고의 지도는 다음과 같은 정보를 의미한다.

B: Biographic intelligence(개인신상정보)

E: Economic intelligence(경제정보)

S: Sociological intelligence(사회문제정보)

T: Transportation & telecommunications intelligence(운송·통신정보)

M: Military geographical intelligence(군사지리정보)

A: Armed forces intelligence(군사력정보)

P: Political intelligence(정치정보)

S: Scientific and technical intelligence(과학·기술정보)

정치정보

정치정보는 정보활동의 가장 핵심적인 본연의 임무이다. 경계해야 할 것은 정치화된 정보뿐이다. 정치정보는 정치상황 등 제반 정치문제에 대한 정보이다. 국내정치정보와 해외정치정보를 포함한다. 국내정치정보는 민주주의의 저해요소나 국민의 통합도처럼 국가안보와 직결된 정치문제이다. 반면에 해외정치정보는 해외지도자의 추문을 포함하여 제한이 없다. 정치정보는 우방국, 중립국, 적성국을 포함한다. 우리의 입장에서는 미국과 북한의 향후 외교관계, 중국과 일본의 협력관계, 미국의 차기 대통령 선거결과, 일본과 중국의 차기 유력주자, 중국과 미국의 밀접성 등이 모두 중요하다. 미국 정보 공동체는 정치적 관점에서 동떨어진 정보를 제대로 된 정보로 보지 않는다. 특정 국가의 정치지형의 변화는 지역의 힘의 균형 문제를 초래하고, 자원에 대한 접근 제약도 초래할 수 있기 때문에 각국의 정치상황은 중요한 국가정보 대상이다.

예컨대 1979년 미국은 이란의 정치상황에 대해 오판하여 결국 친미국계 정권이 축출당했다. 중동에서의 원유 접근권에 아직까지 제약을 받고 있다. 또한 중동지역에서 이란이라는 든든한 군사 동맹국을 잃었다. 그에 따라서 이란에서 손쉽게 탐지가 가능했던 러시아 미사일 기지에 대한 정탐활동이 무력화되었다.

군사정보

군사력에 관한 지식이다. 상대국가의 군사력 파악은 국가안보의 핵심이다. 우리는 북한뿐 아니라 일본, 중국, 러시아 그리고 특정한 동남아 국가들의 군사력을 파악하여 대비하는 것이 필요하다. 군사협력이나 군사원조의 규모와 내용을 결정하기 위해서도 우방국의 군사력을 파악하는 것은 절실하다. 외교·국방정책을 수립하고 운용하기 위해서 지역적 군사대치 상황을 파악하는 것도 군사정보의 주제이다.

과학·기술정보

민간부문과 군사부문에 대한 정보를 포함한다. 민간부문 기술이 무기개발로 응용된 경우는 많다. 군사기술이 상업화된 경우 또한 적지 않다. 다른 나라의 과학기술 발전을 알아채고 기술을 습득하는 것은 그 나라의 잠재적인 군사능력을 평가하기 위해서도 필요하다. 역사적으로 과학·기술 정보 가운데 최대 관심사는 핵무기 정보였다. 핵의 전개과정은 세계평화와 안전에 연결된 문제이기 때문이다. 이에 2006년 10월 9일의 북한 핵실험은 CIA의 정보실패라는 혹독한 비난이 있었다.

경제정보

오늘날 경제력은 국력이기 때문에 경제정보는 대단히 중요하다. 경제정보는 경제 간첩의 대상이다. 각국의 통화정책, 자금세탁, 안보 위협세력의 자금줄, 정치지도자의 부패를 파악하는 것도 포괄한다. 어느 국가의 경제적 강점을 안다는 것은 그 국가와의 경제전쟁에서 예방책을 확보하는 것이고, 경제적 취약점을 파악함으로써 어떠한 경제적 제재가 효과적으로 작용할 것인지도 미리 알아서 목적을 쉽게 달성할 수 있게 된다.

사회문제정보

사회적 만족도, 가치기준 그리고 구성원들의 조직적 역동성 등에 대한 정보이다. 사회문제정보로 국가 응집력 등 국력의 기초를 알 수 있다. 사회문제정보는 향후 정치체제의 변동을 예측할 수 있게 하고 대응할 기회를 준다. 사회문제정보는 정치정보 그리고 군사정보와도 긴밀히 연결된다. 미국 정보공동체가 이란의 사회문제정보를 수집하는 데 실패하여 이란혁명 과정에서 제대로 대처하지 못했다. 미국이 오늘날까지 이란과 대립관계에 있게 된 것은 커다란 정보실패의 하나로 간주할 수 있다.

환경·보건정보

생태계와 보건에 대한 정보로 환경·생태정보라고도 한다. 국토침식, 지진, 태풍의 영향과 피해 등 환경상황과 환경변동, 신종 전염병의 출현, 기존의 난치병에 대한 발병률 추이, 국민건강과 자연적인 안전성에 대한 정보이다. 환경·보건정보는 단기적으로는 빛나지 않지만 인류의 복지에 직접적으로 연관된 정보로써 초국가적 안보위협 문제이다. 사실 다수의 사회 역사가들은 어느 한 국가나 제국의 흥망은 외부의 군사적 위협이나 경제실패보다는 기후변화, 전염병, 기근 같은 생태적 조건에 의해 크게 좌우되었다고 분석한다.

휴민트(HUMINT), 테킨트(TECHINT), 오신트(OSINT)

휴민트는 휴먼 인텔리전스(Human Intelligence)의 철자 약어이다. 정보요원이나 정보협조자 등 주로 인간의 힘으로 획득하는 정보이다. 테킨트는 테크니컬 인텔리전스(Technical Intelligence)의 철자 약어이다. 인공위성, 정찰항공, 도청장치 등 과학기술 장비로 수집한 정보이다. 오신트는 오픈 소스 인테리전스(Open Source Intelligence)의 철자 약어이다. 신문·방송·인터넷·학술자료 등 공개되어 활용할 수 있는 자료를 체계적으로 분석하여 생산한 국가정보이다. 공개출처정보는 정보가 비밀성만을 지향하는 것은 아니라는 것을 알게 해준다.

더욱 중요한 전술정보와 전략정보의 구별!

전술정보는 작전정보라고도 한다. 주로 현재의 전투상황이나 임박한 위협상황에 대처하기 위한 급박하고 현실적으로 필요한 운용정보이다. 반면에 전략정보는 비교적 장기 미래비전에 대한 정보이다. 전략정보는 목전의 구체적인 현안이 없는 경우에도 지속적인 국가발전을 위해 장기적이고 포괄적인 관점에서의 정보이다.

전술정보가 목전의 전투에서 승리하기 위한 것이라면, 전략정보는 목전의 전투에서 일부 지더라도 궁극적인 전쟁이나 경쟁에서 최종 승리자가 되기 위한 장기비전의 정보이다. 그래서 전술정보는 누구도 몰랐던 현상의 비밀스러운 내용을 담고 있는 '일일신문' 같은 것이라고 한다면 전략정보는 '장기 청사진'이라고 할 수 있다.

일일신문은 비밀내용을 수집하여 옮기면 되는 것으로써 치밀한 연구가 필요 없는 신문이다. 이에 반하여 장기 청사진은 심도 있게 연구하고 논의하여 생산되는 일종의 '학술 연구서'라고 할 수 있다. CIA 정보 분석관들의 견해는 양자의 구분과 정보기구의 문제점 파악에 큰 도움이 된다.

① 우리의 생산물은 너무 특정한 부분에 대한 것이고 목전의 이슈에 매몰되어 있어서 전략적 역량의 한 모퉁이를 상실하고 있다.

② 속도는 결코 질을 대체할 수 없다. 예전에는 만들어내곤 하던 진짜 분석적 생산물을 잃어버리고 있다. 오늘날은 단지 현재의 이벤트에 대해 보고할 뿐이다.

③ 오늘날은 연구를 별로 하지 않는다. 연구부족으로 정보 분석관들의 이해의 정도는 심지어 정책 담당자의 이해 수준에도 미치지 못하는 경우도 많다.

④ 전략정보는 비밀이 아니다. 전략정보를 위해서는 세계역사를 알아야 한다. 그런데 오늘날은 단지 죽어 있는 현재의 정보 업무에만 매몰되게 한다. 장기적인 추세로 세계 도처에서 무엇이 진행되고 있는지를 아는 일은 죽어 가고 있다.

전략정보의 발전에 이바지한 사람은 단연코 CIA의 전신인 전략정보국(OSS)에 근무한 셔먼 켄트였다. 셔먼 켄트팀은 비밀첩보에서가 아니라 전문서적, 무역잡지, 통계수치와 연감, 심지어는 사기업 자료에서 전략정보를 획득했다. 그들은 도서관 자료가 얼마나 중요한지를 잘 알았고 도서관 자료에서 매우 훌륭한 첩보들을 찾아내었다.

전략정보 사례, 나치(Nazi)의 숨통

제2차 세계대전이 고조되던 1943년과 1944년 사이에 셔먼 켄트 사단은 연합국 사령부의 요청에 따라서 지형적인 문제로 폭격이 매우 어려운 독일공군 부대에 대한 정보보고서를 생산했다. 정보보고서를 받아 본 사령관은 깜짝 놀랐다. 정보보고서는 직접적으로 독일공군 부대에 대한 정보가 아니었다. 그것은 독일공군을 유지하기 위해 필수적인 원유 등 병참공급시설에 대한 것으로 '나치(Nazi)의 숨통'이라고 표현됐다. 그 아이디어는 전적으로 셔먼 켄트 사단의 것으로써 정보보고서는 통계수치와 지형 및 지질도 등 매우 신뢰할 수 있는 자료에 바탕을 둔 보고서였다. 사령관은 처음에는 미심쩍어 했지만 '나치의 숨통'에 대한 폭격을 결단했다. 공습의 결과는 나치 공군의 항공연료 결핍으로 이어졌고 디젤과 가솔린 연료도 부족하게 되었다. 결국 다수의 공군 비행기는 물론이고 수천 대의 나치 전차와 트럭의 발이 묶였다.

참전 경험도 없어 전쟁을 잘 모르고, 단지 뛰어난 학문적 성과와 학위만을 가지고 있던 켄트 사단의 젊은 경제학자들의 정보보고서가 제2차 세계대전의 전황을 결정적으로 바꾼 것이다. 그들은 "나치 비행기가 어디에 몇 대 있고, 언제 발진을 하여 어디를 공격하려고 계획 중이다."라는 비밀첩보는 거들떠보지도 않았다. "정보는 더 이상 비밀이 아니다"라는 말이 나온 이유이다. 존 하이덴리히는 원래 CIA 창설 목적이 전략정보 생산이었다고 역설한다. 그럼에도 냉전 시대를 거치면서 CIA가 지나치게 전술정보 활동에 매몰되고 있다고 신랄히 비판하면서, 미국의 전략정보의 부재에 대한 우려를 다음과 같이 전한다.

"오늘날 정보공동체는 이질적인 요소와 단편적인 스냅샷(snapshots) 같은 첩보를 생산하는 데만 주력하고 있어서 전략정보를 제공하는 데에 어려움이 있다."

사실 비밀정보는 대단히 좋고 훌륭할 수 있다. 그러나 비밀정보는 오히려 부정확한 경우가 적지 않다. 한편 전략정보에 대한 오해도 많다. 대표적인 오해는 전략정보는 무조건 장기적인 전망을 포함하고 있어야 한다는 것이다. 그러나 전략정보는 그 효과가 오래 지속될 수 있는 전략을 담고 있는 것이지, 반드시 감당도 안 되는 장기 미래전망에 대한 것이어야 하는 것은 아니다. 이에 미국은 15년 미래를 한도로 본다.

전략정보와 전술정보 구분의 현대적 의의

전략정보와 전술정보 구분의 참뜻은 국가정보기구의 성격을 근본적으로 바꿀 수 있다는 데에 있다. 목전의 현안 해결을 위한 전투정보나 작전정보 같은 전술정보는 당사자의 비밀스러운 의도나 은밀한 병력배치, 내밀한 간계를 파악하는 것이 중요한 과제가 된다. 현실적인 전투나 협상, 국가교섭, 예컨대 한·미 양국의 2007년 FTA 교섭 등에서 전술정보는 매우 긴요하다. 그러므로 "정보는 비밀이 요체이다"라고 할 때의 정보는 전술정보를 가리키는 것이다. 그런데 전술정보 위주로 전개하면 정보기구는 현안문제 해결 태스크포스 팀이 된다. 단적으로 기동타격대일 뿐 저력이 남지 않는다.

이에 반하여 전략정보는 적대세력의 의도와 능력을 정치·국방·경제·사회·문화 그리고 그들의 대외관계와 국민들의 충성도나 결집도 등을 총체적으로 파악하여 평가하게 된다. 그러므로 현실적으로 병력 수가 얼마이고 화력은 어떻고 무기제원은 어떠하며 어디에 배치되어 있는가 하는 문제는 부차적인 것이 된다. 고립된 군사력은 단지 하나의 수치적인 사실로써 죽어 있는 힘에 지나지 않기 때문이다.

사실 1991년 소련이 멸망한 이유가 군사력이 부족해서가 아니라는 점은 전략정보가 왜 필요한지를 잘 보여주는 역사적 사례이다. 소련이 멸망하기 직전에도 소련의 군사력은 붉은 군대와 핵무기를 포함하여 엄청났다. 소련에 대한 총체적인 국력과 역사적 전개과정 및 통치구조의 문제점 등에 대한 근본적인 이해 없이 붉은 군대 군사력에 대한 전술정보만으로는 소련의 멸망 원인을 알 수 없다.

최고의 싱크 탱크

그런데 국가정보기구의 근본적 임무가 이렇게 전략정보 생산이라고 하게 되면 국가정보기구의 성격은 확연하게 달라진다. 그 경우의 정보기구는 현안 해결 태스크포스팀이 아니라 국가최고의 국책 연구소이고 제반 분야의 출중하고 실력 있는 전문 분석가들로 가득 찬

싱크 탱크, 즉 최고의 국책연구소가 된다는 것을 의미한다.

이념적으로 국가정보는 차분하게 장기적인 관점에서 응용할 수 있도록 전략 정보화하는 것이 바람직하다. 그러나 현실적으로 전략정보와 전술정보 중 어디에 더 큰 비중을 두는지는 개별국가의 역량과 주어진 환경에 따라서 조금씩 다를 수밖에 없다. 목전에 적대세력의 위협이 도래하고 있거나, 경제협상이나 국제조약의 체결이 진행 중인 것과 같은 경쟁적 상황에서는 전술정보의 필요성이 최고조일 수밖에 없기 때문이다. 냉전시대와 달리 급박한 전쟁위기 상황이나 국가위협 상황이 없는 정보환경의 경우에는 정보기구는 차분한 전략정보 생산의 산실이 되어야 한다. 그래야만 정보기구가 내실 있고 체계적인 발전을 이룰 수 있고, 궁극적으로 국가목표 달성을 위한 눈과 귀로 기능하게 될 것이다.

정보생산자와 정보수요자

정보는 생산이 목적이 아니다. 정보는 사용될 때에만 가치를 지니고 빛을 발한다. 생산한 정보를 비밀창고에 보관하고 보안 조치하는 것만으로 정보는 아무런 효용을 가질 수 없다. 정보생산과 사용 또는 활용이라 정보의 본질적인 속성에서 정보생산을 담당하는 정보생산자와 생산된 정보를 배포받아 사용하는 정보사용자 또는 정보수요자의 개념이 도출된다. 정보생산자는 정보기구로 명확하다. 따라서 정보수요자에 대한 이해가 중요하다. 국가정보는 최고 통치권자나 소수의 몇 사람에게만 한정되어야 한다고 생각한다면 큰 잘못이다. 정보수요자라는 개념은 정보기구 운영에 커다란 경각심을 불러일으켜 줄 수 있다. 다음은 주요한 정보수요자들이다.

○ 최고통수권자: 궁극적인 국가정보의 수요자이다.

○ 국회: 예산통제, 입법 활동과 관련한 정보수요가 있다. 자체 국가안보 정책을 수립할 수도 있으며 정보공동체에 대한 감독권 행사에도 정보수요가 있다.

○ 행정부처: 외교통상부, 국방부, 군 지휘관, 법무부, 금융·에너지 부처 등 국가안보 유관부처들은 주요한 국가 정보수요자들이다.

○ 국가안보회의(NSC): 국가안보 문제와 관련한 중추적인 기획·조정기구로서 국가정보는 업무 수행의 기초가 된다.

○ 정보공동체: 정보공유와 협력을 위해 다른 정보기구의 정보에 대해 접근할 필요성이 발생한다.

○ 사경제 주체: 무기 디자이너, 비밀병기 생산자는 훌륭한 정보수요자이다.

국가정보기구

국가정보기구는 국가정보를 생산하는 국가기관이다. 일반 행정조직과는 달리 간첩활동·통신감청·암호해독처럼 실로 정형이 없는 특별한 방법으로 임무를 수행하는 정부조직이다. 이를 스파이 기법이라고 한다. 정보기구는 국가안보를 위해 비정형적 활동을 할 수 있도록 체계화된 국가조직이다.

정보기구는 전략적 충격을 방지하고, 국가에 끝없이 정보를 공급하며, 정책과정을 보좌하고, 정보방법 및 원천에 대한 비밀성을 유지하는 기능을 수행한다. 정보기구는 위협으로부터 조기경고를 발령한다. 국가위기 상황의 경우에는 다른 국가기관은 파악하기 어려운 정보에 근거하여 위기관리능력을 발휘하기도 한다. 국가의 핵심적인 비밀도 지켜낸다. 변화하는 정보환경에 대해서도 국가기구 중 가장 신속하게 변모하기에 적합한 조직으로써 선전포고 없는 '평화 시의 전투'인 테러·국제범죄 조직과 전쟁을 수행하기도 한다. 비밀공작과 방첩공작도 수행해야 한다. 비밀활동에는 암살, 무기거래, 쿠데타 유도, 선전공작 같은 비정상적인 활동이 수반되기도 한다.

정보의 효용

정보의 효용은 "정보가 정책에 어떤 방법으로 도움을 주었고, 어떤 내용으로 얼마만큼 기여하였는가?"라고 하는 것이다. 효용이 별로 없는 정보를 생산하는 정보기구는 올바른 기능을 하지 못하는 것이다. 정보는 행정부처의 정책 단계별로 도움을 주게 된다. 아이젠하워 행정부의 기술능력위원회 보고서가 잘 설명하고 있다.

"만약 정보가 전쟁위협을 밝히면 우리는 충분히 대책을 강구할 것이다. 만약 정보가 상대국의 약점을 지적하면 우리는 그 약점을 적절히 이용할 것이다. 양질의 정보를 바탕으로 우리는 전쟁에 잘못 허비할 우리의 자원을 절약할 수 있을 것이다. 정보는 우리의 정치적 전략을 잘 안내할 것이다."

정보효용의 극대화를 위해서 정보는 현안에 대해 적합성·적시성·정확성·객관성을 갖출 것이 요구된다. 국가정책 사안에 적합한 정보가 객관적이고 정확한 내용을 담아 적시에 제공되어야 정보의 효용을 극대화할 수 있기 때문이다.

정보의 한계

하지만 정책담당자와 정보관계자들은 정보가 무조건 옳다고 단정해서는 안 된다. 정보는 현 상태에서의 잠정적인 판단일 뿐으로, 국가 현안에 대한 모든 동적인 내용을 한꺼번에 커버할 수는 없기 때문이다. 또한 정보는 일종의 의견물인 것으로 예컨대 증거주의에 입각한 법원 판결과도 다르다. 정보에 대한 역설적인 명구가 있다.

"정보는 결코 진실에 대한 것이 아니다."

그렇다고 하여 정보가 허위가 아님은 물론이다. 경구의 의미는 정보활동은 진실을 추구하지만, 정보대상은 살아 있는 생명체와 같아서 시시각각 변할 수 있는 것으로, 그 누구도 진실을 단정할 수 없다는 정보의 속성을 암시함과 동시에 정보활동의 어려움을 웅변하는 것이다. 정보기구가 최선을 다한다고 해도 상대세력도 역공작, 기만공작 등을 사용하는 정보세계의 현실에서 오류 가능성은 불가피한 일이기도 하다.

정보기구의 4대 임무

정보수집, 정보분석, 비밀공작 그리고 방첩공작이 국가정보기구의 4대 임무이다.

정보(첩보)수집

국정원의 제1의 임무는 국가안보 첩보를 끝없이 수집하는 것이다. 지속성과 체계성은 정보기구의 정보수집과 행정부처의 자료 수집을 구별되게 한다. 개별 행정부처도 업무추진 과정에서 자료를 개별적으로 수집하는 경우도 있다. 오늘날 과학·기술의 획기적인 발전은 첩보수집에 현기증을 느끼게 할 만큼의 획기적인 자료 증대를 가져왔다. 전 세계 24시 방송채널, 인터넷, 빈번한 각종 국제회의 등 자료의 놀랄 만한 확충은 정보의 엄청난 양적 증대를 가져왔다. 그것은 자료의 신뢰성 저감이라는 부작용도 가져왔다.

정보분석

정보분석은 수집된 첩보를 다양한 분석기법을 동원하여 필요한 정보로 도출해 내는 과정이다. 정보수집은 정보분석을 전제로 하는 활동이다. 간혹 수집된 생자료, 즉 첩보가 분석 없이 그 자체로 국가정보로 활용되는 경우도 있으나 그것은 극히 이례적인 일이다. 신빙성 판단과 체계적인 이해를 위해 정보분석은 거의 필수적이다.

비밀공작(Covert action)

정보활동의 또 다른 저편에는 극단적인 물리력을 동원하는 방법도 있다. 예컨대 준군사활동은 마치 군사작전을 방불케 하는 방법으로 수행되는 정보기구의 전투적 임무이다. 비밀공작은 일반적인 정탐·간첩활동인 비밀 정보활동과 대응된다. 비밀 정보활동은 정보가 전달될 때까지 인내심을 가지고 수동적으로 그리고 조용히 기다리는 정보활동이다. 반면에 비밀공작은 정보의 유입을 기다림이 없이 상대세력에 단기간에 강력한 영향을 미치기 위해 구체적인 행동을 보이는 것이다.

방첩공작(Counterespionage)

간첩을 막는 일이다. 방첩공작은 적발한 간첩을 역이용하는 공작도 포함한다. 방첩공작은 아국이 해외세력에 침투하는 것에 대비하여 분명 아국에도 해외세력 또는 그에 동조하는 세력에 의한 침투가 있을 수 있다고 보고, 아측 정보체계의 건전성을 점검하는 것이다. 그래서 정보기구나 정부조직에 침투해 있는 이중간첩 등 적대세력에 의한 첩보활동을 색출하는 활동이다. 우리가 해외에 정보요원을 파견하듯이 다른 나라가 우리나라에 스파이를 파견하여 정보활동을 하는 것은 공공연한 비밀이다. 이중스파이, 삼중스파이, 사중스파이 등 방첩의 세계는 예술이다.

2장

정보수집

인간정보(HUMINT)

휴민트는 주로 사람에 의한 활동으로 수집된 정보를 말한다. 과학장비도 결국은 인간이 조작하지만, 휴민트는 정보수집이 인간의 직접적인 정보활동이나 접촉 수단을 통해 이루어진다는 점에서 차이가 있다. 예를 들어 해외에 파견된 비밀정보요원이 직접 정보수집활동을 하거나 현지 스파이를 고용해 정보를 수집하는 것과 같다.

현지의 협조자는 금전 또는 피치 못할 약점 때문에 협박을 받거나 체제 불만 등의 연유로 협조한다. 정보요원은 회유된 현지 정보제공자와 고도의 보안하에 주기적으로 접촉하며 정보를 입수한다. 정보관과 현지 정보제공자와의 관계는 마치 정신과 의사와 환자의 관계에 비유된다. 그러므로 정보관은 멘토로서 냉정하게 감정을 통제하는 전문가의 자세를 보여야 한다. 현지 정보관은 그 나라에 거주하게 된 그럴듯한 이유를 달아 활동하면서 은밀한 탐문이나 서류절취, 도청 등으로 정보수집 활동을 한다.

인간정보는 단적으로 간첩 또는 스파이 활동이다. 스파이 활동은 구약성서만큼 오래된 것으로 매춘에 이어 두 번째로 오래된 직업이라고 한다. 구약성서 민수기 편에, 여호수아가 이집트에서의 탈출, 즉 출애굽의 임무를 수행하면서 여리고 지방을 공격하기 전에 두 명의 정탐꾼을 가나안에 보내는 것이 나온다. 세계 역사를 통틀어서 훌륭한 정복자는 모두 인간정보를 유용하게 사용했다. 알렉산더 대왕과 카이사르, 칭기즈칸, 나폴레옹 등이 모두 뛰어난 인간정보 운용의 대가였다. 기원전 500년경 중국의 손자는 『손자병법』에서 인간정보를 설명했다. 손자는 간첩(공작원)을 5가지로 분류했다. 그중에서도 이중스파이가 가장 중요한 정보활동의 꽃이라고 했다.

"내 조국을 위해 바칠 목숨이 나에게는 단 하나뿐인 것이 아쉬울 뿐이다."라며 당당하게 사형에 임한 미국의 전설적인 충정의 스파이 나단 해일과 프랑스와 독일 사이에서 이중, 삼중, 사중스파이로 활약하다가 결국 형장의 이슬로 사라진 '치명적인 여인' 혹은 '위험한 여인' 마타 하리가 휴민트 모델로 회자되고 있다. 또한 허구적인 존재이지만 제임스 본드(007)는 인간정보 활동이 어떠한 것인지를 알려준다.

인간정보의 수단

인간정보 자원은 전문적인 정보요원에 한정되지 않는다. 정보요원이 매수하여 활용하는 일반인들과 자발적인 협조자도 있다. 정보요원은 상대세력의 군인, 경찰, 전쟁포로, 범죄용의자, 구금자, 망명자, NGO 활동가, 언론인, 종교인 등 매우 다양한 인간자원들을 포섭하여 활용한다.

정보요원은 국가정보기구의 정식직원이다. 정보관, 공작관, 조정관, 통제관, 접촉관, 안내자 등으로도 불린다. 정보관은 직접 현장에 뛰어들거나 첩보원을 포섭해서 임무를 수행한다. 정보관이 발굴하여 채용한 현지의 정보제공자를 정보대행자, 정보대리인, 현지요원, 두더지(mole), 첩보원, 인적자산으로 호칭한다. 해외에 파견되는 정보관들은 본부로부터 재정적·기술적 지원을 받을 수 있는 구실을 마련해야 한다. 이것을 가장(cover)이라고 한다. 가장에는 공직가장과 비공직가장의 2가지가 있다.

공직가장

공직가장은 정보관이 외교관, 정부대표 수행원, 정부사절단의 일원 등 다른 부처의 공무원 신분으로 위장하는 것을 말한다. 공직가장 정보관 중에서 정보협력 채널을 구축하기 위해 신분을 노출한 정보관을 백색정보관 또는 백색까마귀라고 한다. 주재국에 정보관 신분을 노출하지 않은 정보관을 흑색정보관 또는 흑색까마귀라고 한다.

비공직가장(NOC: Non Official Cover)

비공직가장은 정보관이 공무원 신분이 아니라 민간인 신분으로 위장해 활동하는 것을 말한다. 사업가, 언론인, 교수, 선교사, 성직자, 여행자, 유학생, 무역 대표부 직원, 학술회의나 국제회의 참석자, 여행객처럼 대상 국가에 체류할 수 있는 다양한 신분으로 위장한다. 또한 이민이나 망명으로 국적을 아예 바꾸기도 한다.

미국 CIA요원이 해외에서 제너럴 모터스, IBM, 아메리카 은행(BoA), 팬암 항공사 등의 상사요원으로 가장했던 것은 주지의 사실이다. 또한 러시아 KGB나 참모부 정보총국(GRU) 요원을 포함해 러시아 정보기구 요원들은 국영 항공사인 에어로 플롯 직원으로 활동했다. 정보기구가 직접 가장업체를 운영하기도 한다. 이것을 (물적)자산이라고 한다. 중국의 신화사 통신은 중국의 정보기구의 하나로 알려져 있다. 다양한 비공직가장 신분 중에서도 가장 애용되는 방법이 언론인 신분이다. 왜냐하면 언론인은 신분상 사건과 사고가 발생하는 어느 현장이나 자연스럽게 출현할 수 있기 때문이다.

비정보요원, 첩보원과 협조자

정보의 세계에서 첩보원 또는 협조자는 다양한 용어로 불린다. 인적자산, 스파이, 간첩, 첩자, 정보자산, 두더지, 밀정, 닌자, 제5열이 그것이다. 이들은 현지에서 정보관에게 발굴되어 채용됨으로써 일정한 계약관계가 형성되어 정보활동을 하는 인간요원이다. 제5열은 1936년의 스페인 내전에서 4개 부대를 이끌고 마드리드로 진격한 E. 몰라 장군이 "마드리드는 이미 우리에 협조하는 제5부대에 의해서 점령될 것이다."라고 하여 진격하는 4개 부대 이외에도 적진에 이미 협력자가 있음을 암시한 것에서 유래되었다.

협조자는 정보관의 활동을 지원하기 위해 필요한 존재들이다. 그래서 정보목표에 접근할 위치와 능력이 있는 사람들 중에서 발굴되어야 한다. 민간인인 경우도 적지 않지만 주재국 정부의 핵심적인 지위에 근무하고 있어서 중요한 정보원천에 접근할 수 있다면 매우 훌륭한 인적자산이다. 우호적인 군인, 법집행담당자, 외교관, 난민, 전쟁포로, NGO구성원, 언론인, 그 나라 정보요원과 그의 첩보원들은 모두 훌륭한 인적 자산이 된다. 협조자 중에는 조직폭력단도 있을 수 있다.

첩보원의 이중성

한 번 배반의 창을 열어 둔 사람은 언제든지 또 다른 배반의 창을 열 수 있다. 따라서 첩보원에도 이중 첩보원이 당연히 존재한다. 예컨대 2009년 12월 30일 아프가니스탄 CIA비밀기지에서 자살폭탄 테러를 자행한 36세의 의사 알 발라위는 CIA의 협조자였다. 그는 알카에다 인터넷 토론 사이트 관리자로 활동하다가 검거되어 요르단 정보당국의 협조자로 포섭되었다. 요르단 정보국은 그를 확실한 자기 편으로 만든 뒤 알카에다 조직에 다시 침투시켰다. 의사 신분을 이용하여 알카에다 2인자인 아이만 알 자와히리와 접촉하라는 임무가 내려졌다. 하지만 발라위는 결정적인 순간에 변절했다. 그는 자신을 담당한 요르단 정보요원 제이드에게 긴급정보가 있으니 CIA 중요 관계자들을 만나게 해 달라고 요청했다. 제이드는 발라위를 CIA비밀기지로 안내했다. 발리위는 몸에 폭탄을 잔뜩 숨겼다가 자폭함으로써 8명이 숨졌다. 그 사건으로 CIA는 엘리트 정보팀을 한꺼번에 잃었다. 우리의 경우에도 2014년 국정원에 위기를 초래한 중국 현지의 협조자 김 씨가 있었다. 잘못 관리된 협조자였던 것이다.

세계질서를 바꾼 인간정보 사례

로젠버그 스파이 사건

1950년 FBI는 미 육군 신호정보부대에 근무하던 로젠버그와 그의 부인 에텔을 간첩혐의로 체포했다. 로젠버그 부부는 핵무기 자료를 소련에 넘겨준 혐의를 받았다. 제2차 세계대전 중 미국과 소련은 동맹국이었다. 하지만 미국은 스탈린을 믿지 않았다. 미국은 핵무기 개발계획인 맨해튼 프로젝트에서 소련을 배제시키고 영국, 캐나다와 함께했다. 그러나 KGB는 스파이 활동으로 서구의 핵무기 개발 계획을 이미 알고 있었다. 연합국은 1945년 7월 16일 뉴멕시코 주 알라모 골드 사막에서 인류 최초로 핵실험에 성공했다. 그러나 소련은 로젠버그 부부의 이중스파이 활동으로 맨해튼 프로젝트의 비밀을 알아냈고 채 4년이 지나지 않은 1949년 핵무기 개발에 성공했다.

로젠버그 부부는 간첩죄로 기소되어 사형선고를 받고 전기의자에서 최후를 맞았다. 핵무기를 소련에 안겨 준 로젠버그 휴민트 사건은 세계를 미국과 소련의 양극 체제로 재편시켰고, 인류를 핵 공포의 위험에 떨게 한 직접적 계기가 되었다. 담당 재판관 카프만(Kaufman)은 이들 부부의 인간정보를 인류에 대한 죄악이라고 판결했다.

"피고인들의 범죄는 살인 이상으로 나쁜 범죄이다. 핵무기 기술을 유출함으로써 힘을 얻은 소련 공산주의가 한국을 침공해 무고한 수백만의 사람들을 죽였다. 피고인들의 반역(간첩)이 세계 역사가 미국에 불리하도록 작용하게 했고, 또한 우리 모두로 하여금 긴장의 연속에서 살게 만들었다."

케임브리지 5인방 사건

케임브리지 5인방은 영국 정보요원으로 소련을 위해 일한 원초적인 이중스파이들이다. 케임브리지 스파이 링이라고도 한다. 그들은 영국 최고 명문인 케임브리지 대학 출신들로서 대학의 동아리 비밀모임인 '케임브리지 사도'의 회원이 되었다가 KGB에 장학생으로 포섭되었다. 그들은 대학을 졸업한 후에 영국 보안부(MI5) 등 정보기구에 진출해 성공적인 진급을 보장받았던 인물들이다.

킴 필비, 도널드 맥클린, 앤서니 블런트, 가이 버기스, 존 카이른크로스의 5명으로 알려져 있다. 5인방의 휴민트 활동은 미국과 영국 정보당국을 경악시켰다. 그중에서도 킴 필비는 다수의 미국과 영국 비밀요원들의 명단을 KGB에 넘겨줘 처형되게 함으로써 미국과 영국의 정보체계에 커다란 타격을 안겨 주었다.

케임브리지 5인방은 트루먼 대통령과 영국 처칠 수상의 비밀대화를 감청하여 영국과 미국의 제2차 세계대전 종료 후의 독일에 대한 처리계획을 KGB에 넘겼다. 서방세계 중심의 전후 구상을 사전에 알아차린 스탈린은 테헤란 회담, 얄타 정상회담, 포츠담 선언에서 치밀하게 대비할 수 있었다. 결국 소련은 미국과 영국의 일방적인 전후 구상을 배제시킴으로써 역사의 나침반을 상당 부분 후퇴시켰다.

인간정보의 현대적 의의

현대사회에서 수년 동안 기술정보의 비약적인 증가는 인간정보에 대한 의존도를 낮춘 것이 사실이다. 그러나 인간정보는 여전히 중요성을 갖는다. 정보는 상대세력의 의도와 능력을 파악하는 활동이다. 아무리 과학기술이 발달했어도 아직까지 상대방의 심리상태까지 파악할 수 있는 기계는 발명되지 않았다. 다음으로 인간정보 활동으로 상대국에 거짓정보나 역정보를 흘림으로써 강력한 역공작 기회를 가질 수 있다. 과학기술정보로는 도무지 할 수 없는 일이다. 인간정보 활동은 기술정보에 비해 비용이 적게 든다는 이점도 있다. 첩보위성 등 기술정보 활동에는 천문학적인 예산이 필요하다.

물론 인간정보의 한계와 단점이 있다. 먼저 배신과 음모의 문제이다. 포섭된 첩보원뿐만 아니라 주재국에 파견된 정보관도 이중스파이가 될 가능성이 항상 있다. 또한 주재국 방첩기관의 뛰어난 방첩공작 활동으로 기만정보나 역이용 정보에 농락당할 수도 있다. 또한 인간정보는 원격 활동이 불가능하다는 성격 때문에 근접성이 필수적으로 수반된다. 그런데 비밀정보에 근접한다는 것은 바로 뒤에서 상대세력에게 감시당하며 정보활동을 해야 하므로 노출될 위험성이 농후해 부득불 치명적인 위험성을 수반한다. 마지막으로 임무가 종료된 후에도 말이 없는 기술정보와 달리 협조자의 처리가 어려운 문제로 대두되기도 한다. 임무가 종료된 첩보원이 과거의 협조를 이유로 정치적 요구 내지는 금전적 요구를 하는 경우도 있다. 그리고 비밀리에 보관하고 있던 자료를 공개해 정부의 입장을 곤혹스럽게 만들기도 한다.

기술정보(TECHINT) 사례

두 번의 세계대전에서 공군 전쟁의 영웅이었던 윌리암 미첼은 “전선 위를 한 번 비행해 보는 것이 지상을 수백 번 돌아다니는 것보다 적군이 어떻게 포진하고 있는가를 분명하게 파악할 수 있게 해 주었다.”라고 그 중요성을 회고했다.

냉전시대 CIA가 운용한 정찰위성 활동이 코로나 프로그램이었다. ‘하늘의 눈’으로 불린 코로나 프로그램은 1995년 2월 22일에야 비밀 해제되어 현재는 그 자료가 오스트리아 멜버른 대학의 고대유물 탐사 팀에 인계되었다. 탐사 팀은 영상자료를 BC 3,000년 전 고대 시리아 도기공장, 거석무덤 등 유물들의 위치파악 및 탐사에 이용하고 있다.

코로나 프로그램은 소련, 중국, 중동국가를 대상으로 지구상공에서 영상감시 활동을 했다. 중동의 웨스트 뱅크 정착지와 텔노브 공군기지도 포함되었다. 르완다의 피난민 움직임과 보스니아에서의 공중투여 구호품의 전달여부도 정찰위성의 관측 대상이었다. 중국 나창 항공사의 군수공장을 찍은 위성사진은 민간 목적으로 중국에 판매된 부품이 군용으로 전용되었음을 확인했다. 1995년 인도 라자스탄 사막에 있는 시험장의 움직임으로 인도의 핵실험 준비를 감지했다. 1996년 7월 북한이 비무장지대를 따라서 강력한 장거리포를 배치하고 있음을 확인했다. 1996년 러시아가 우랄 산맥에 제1, 제2의 거대한 군사시설을 구축하고 있음도 확인했다.

영상정보는 많은 강점을 가지고 있다. 하늘의 스파이로 불리는 위성정찰은 상대국의 영토를 침범하지 않기 때문에 정치적 위험성과 책임에 대한 법률논쟁이 수반되지 않는다. 영상정보는 수많은 정보목표에 대해 광범위한 정보수집 활동이 가능하다. 한편 정밀하게 촬영된 영상은 정책결정자들에게 실상을 직접 눈으로 확인하게 해 준다. 이런 이유로 영상정보는 수많은 구두나 서면보고보다 신뢰성을 높여 줄 수 있다는 강력한 이점이 있다. 하지만 영상정보의 그래픽 특성은 동시에 단점도 될 수도 있다. 영상정보는 너무 생생하고 압도적이라서 비전문가뿐만 아니라 전문적인 정보분석가도 경도되기 쉽다. 영상정보의 또 다른 단점은 엄밀히 말해서 특정한 순간에 특정구간의 순간 포착 사진에 지나지 않는다는 사실이다. 영상을 찍기 전과 후에 무엇이 어떻게 전개되었는지에 대한 의미 전달은 없다. 즉 수집된 영상은 단지 그 시간, 그 장소에서 포착된 스냅 샷이라는 것이다. 그래서 미국 국가안보국은 "영상정보는 무엇이 일어났는지 보여주고, 신호정보는 무엇이 일어날 것인지 말해 준다."라고 비유한다.

눈부신 상업용 위성

오늘날 위성정찰을 독점하던 시절은 끝났다. 그동안 자체 정찰위성을 가진 나라는 미국, 러시아, 중국, 프랑스, 일본 정도였다. 그러나 전문 상업위성회사가 출현하여 지구 전역의 고분석 화상을 판매하기 시작했다. 이것은 자체적으로 소유하는 정찰위성이 없는 경우에도 훌륭하게 영상정보기구를 구축할 수 있다는 것을 의미한다. 1986년 프랑스는 일반 판매를 목적으로 스팟(SPOT), 즉 '지구정찰위성'이라고 명명된 상업용 정찰위성을 최초로 발사했다. 1999년에는 아이코노스라는 미국 회사가 상업용 정찰위성으로 영상시장에 뛰어들었다. 아이코노스는 2004년부터 0.5미터의 초 고해상도 위성영상을 상업적으로 판매하기 시작했다. 「뉴욕타임스」는 아이코노스의 발사를 "우주 세대에서 가장 괄목할 만한 성과"라고 표현했다. 한편 2001년 10월부터 미국 국가지구공간정보국(NGA)은 아이코노스 사로부터 아프가니스탄 영상에 대한 영구 독점권한을 확보했다. 상업용 영상정보의 광범위한 출현은 정보기구가 많은 투자 없이 영상정보 체계를 구축할 수 있게 해주었지만 점점 더 군사시설, 국가기간망 시설의 보안을 유지하는 데 어려움을 가져온다.

신호정보(SIGINT)

시긴트는 시그널 인텔리전스(SIGnals INTelligence)의 철자 약어이다. 시긴트는 지구상의 신호자극이 양적으로 팽창한 21세기의 현상이다. 군사무기가 과학·기술화되면서 여러 가지 신호음을 배출하게 되었다. 레이더 통신 등 각종 무선통신이 개발되어 전투에 응용됨으로써 신호에 대한 가치가 크게 증대되었다.

시긴트 가운데 통신정보, 즉 코민트(COMINT)는 전화, 전신, 텔렉스, 이메일, 팩시밀리 등 전기적 통신으로 의견을 주고받는 내용을 중간에서 엿들어서 정보를 획득하는 것이다. 코민트는 신호정보 중 가장 오랜 역사를 가진다. 통신정보의 목표는 매우 다양하다. 전통적인 목표는 외교공관과 본국과의 외교 통신이었다. 정부부처의 통신내용도 좋은 대상이다. 정부부처와 하부조직 간의 국내외 통신, 국정 최고책임자의 통신, 해외주재 군부대들의 통신도 중요한 대상이다. 대상국가의 대사관이나 영사관의 전화선을 도청하는 것은 물론이고 목표국가에서 사용하는 해저 케이블을 차단해서 도청하기도 했다. 1970년대 미국은 오호츠크 해에서 아이비 벨스(Ivy Bells)라는 암호명으로 잠수부들을 캄차카 반도로 보냈다. 요원들은 잠수함을 타고 페트로파블로브스크의 소련 해군기지와 블라디보스토크와 모스크바를 연결하는 해저 케이블을 자르고 감청장비를 설치한 뒤 주기적으로 도청했다.

1950년대 영국과 미국의 정보기구들은 오스트리아 비엔나와 베를린에서 소련 군사당국이 사용하는 전화선을 도청하는 베를린 작전을 전개했다. 베를린 작전은 서베를린에서 동베를린까지 비밀 지하터널을 파고 들어가 동독에 있는 소련의 전화통신망을 도청하는 일이었다. 그런데 영국 비밀정보부(SIS)에 침투했던 KGB 요원 조지 블레이크가 베를린 작전을 소련에 밀고했다. 그런데 KGB는 전화통신을 폐쇄하지 않고 오히려 그를 역이용해 영국과 미국 정보당국을 기만한 것으로 알려졌다.

미국과 소련은 지상기지 이외에도 해외대사관, 무역대표부 등에도 비밀의 신호정보기지를 다수 운용했다. 미국은 모스크바 주재 대사관에 비밀스럽게 설치한 신호정보 감청기지에서 브레즈네프 총서기를 비롯한 공산당 간부들의 통신을 감청했다. 획득된 감청통신은 버지니아 랭글리 CIA 비밀기지로 직송되었다. 그것이 암호명 브로드사이드(BROADSIDE) 공작이었다.

브로드사이드 감청으로 브레즈네프 총서기와 국방부 장관의 통화를 분석해서 소련이 신형 SS-19를 개발하고 그를 다른 기종으로 위장하려 한다는 사실을 확인하고 저지했다. 브레즈네프의 건강, 공산당 간부들의 애정편력과 섹스 스캔들도 감청했다. 1991년 KGB가 고르바초프를 가택 감금한 후 옐친을 체포하려는 쿠데타 음모도 감청했다.

소련과 러시아도 세계 도처의 대사관 등 주재국 시설에서 감청 기지를 운영했다. 러시아 정보총국(GRU)은 미국 내의 민간인 거주시설에도 지상기지를 운용했다. 그리고 유엔대표부, 대사관, 영사관 등에도 감청 기지를 운용하여 CIA의 제351교환국과 실리콘 밸리의 전화 교환국을 감청하기도 했다.

미국은 해저 잠수함 신호감청기지도 운용했다. 그중에서도 암호명 홀리스톤이 유명하다. 1959년부터 시작된 작전은 특별 제작된 잠수함으로 소련, 중국, 베트남의 영해 내 3마일 지점까지 침투해서 각종 전자통신을 감청했다. 요원들은 흔들림을 막기 위해 해저에 고정된 특수한 소형 잠수정에서 신체대사 활동도 극도로 자제해 가며 90일 동안 동면과 같은 상태로 해저 밑에서 감청과 관측활동을 했다. 만약의 경우에 대비해 위장 스토리도 가지고 있었다. 미국은 소련의 미사일 발진을 낱낱이 파악했다.

미국은 우방 국가들의 외교통신도 감청했고, 군사통신을 감청한 기록은 상당하다. 1968년 미국은 중국 4사단이 소련과 국경선에서 군사훈련을 한다는 북경군 당국의 통신을 감청했다. 1980년 소련이 이란을 침공할 의도가 있음도 감청했다. 1983년에는 소련 정치범수용소도 감청했다. 1996년에는 중국이 정치적 목적으로 클린턴 민주당 대통령 후보 선거진영에 거액의 검은 돈을 후원하려는 계획을 감청했다. 클린턴 선거진영에 이 사실을 통보해서 대통령 당선 후에 있을지도 모를 사고를 미연에 방지했다.

짐머만 사건

짐머만 사건은 독일제국 외무상 짐머만이 발송한 전신·전보를 영국이 감청하여 미국에 건네준 사건이다. 독일제국 외무상 짐머만은 제1차 세계대전이 최고조에 달한 1917년 1월 16일 멕시코 주재 독일

대사에게 암호 전신문을 발송했다. 요지는 멕시코 대통령과 접촉해서 군사동맹을 체결하라는 내용이었다. 또한 멕시코가 미국 남서부 지역을 공격해 주면 독일이 지원하겠다는 제안을 담고 있었다. 미국 본토에서 멕시코가 후방 전쟁을 일으키게 해, 미국이 제1차 세계대전에 뛰어드는 것을 막고 미국을 잡아 두겠다는 전략이었다. 독일은 협조대가로 멕시코가 미국에 빼앗긴 텍사스 주, 콜로라도 주 등을 되찾아 주고 복구를 위한 재정적 지원을 할 것을 약속했다.

멕시코 대통령 카랜자(Carranza)는 독일의 제안을 면밀히 검토했다. 그러나 독일의 제안은 불가능하다고 결론지었다. 카랜자 대통령은 멕시코의 영토회복은 미국과의 전면전을 의미하는 것이고, 전쟁의 중심에 있는 독일의 지원능력은 충분치 않다고 판단했다. 그리고 멕시코가 영토를 다시 회복한다고 해도 그 광범위한 영어 사용 지역을 통제한다는 것은 불가능하다고 결론지었다. 카랜자 대통령은 짐머만 제안을 거절했다. 영국으로부터 이러한 감청 내용을 전달받고 대단히 화가 난 미국은 독일에 대해 선전포고하고 제1차 세계대전에 뛰어들었다. 결국 독일은 패망했다.

매직 암호해독 작전

제2차 세계대전 중 미국 정보당국이 일본의 암호체계인 퍼플(Purple)

을 해독한 공작이다. 퍼플은 제2차 세계대전 중 일본의 중추적인 암호 생성 전동장치였다. 처음 일본군의 움직임에 대한 암호해독 보고를 받은 루스벨트 대통령이 '마술(magic)'이라고 경탄한 것에서 매직이라는 이름이 유래되었다. 매직 암호해독 작전의 성과는 태평양 미드웨이 전쟁에서 나타났다. 미드웨이 전쟁은 인류 역사적으로 가장 강력한 화력이 동원된 해전이었다. 1941년 12월 8일의 진주만 공격으로 엄청난 피해를 입었던 미국은 결과적으로 멋진 보복을 했다. 미 해군은 매직작전이 해독한 메시지로, 일본군이 실제로는 미드웨이 섬을 목표로 하면서도 거짓으로 알류산 열도를 공격하는 것처럼 위장한다는 작전계획을 소상하게 파악했다.

해전 참가병력은 미국 측이 항공모함 3척을 포함한 함정 35척, 비행기 233기, 그리고 일본 측이 항공모함 4척을 포함한 함정 47척, 비행기 285기로 엄청난 화력이었다. 미드웨이 해전에서 미국 해군은 항공모함 1척만 침몰되었을 뿐이었으나, 일본은 항공모함 4척과 순양함 1척이 침몰하고 항공모함 탑재 비행기 전부를 소실했다. 이후 태평양에서 전쟁의 흐름이 변하여 미국으로 주도권이 옮겨졌다. 또한 미군은 1943년 매직 암호해독 작전으로 야마모토 제독의 솔로몬 제도 방문 일정을 정확히 파악해 그가 탄 비행기를 격추시켜 미국을 괴롭혔던 장애물을 제거했다. 매직공작은 FBI가 미국 서해안 지역의 일본 야쿠자 범죄 조직을 소탕하는 일에도 활용되었다.

울트라(Ultra) 프로젝트

제2차 세계대전에서 영국이 독일의 암호체계인 에니그마(Enigma)를 해독한 작전이다. 독일의 에니그마는 일본의 퍼플과는 비교가 되지 않을 정도로 복잡해서 독일은 절대로 해독되지 않을 것이라고 자신했다. 영국 해군은 대서양 바다 한가운데에 침몰한 독일 U보트에서 에니그마 암호기 1대를 획득했다. 암호해독은 철저한 수학공식의 분석으로 다수의 수학자들이 수행했다. 대표적인 수학자가 폴란드 출신의 튜링이었다. 튜링은 수학의 신 또는 수학의 모차르트라고 불렸다. 실패만 거듭하던 영국은 튜링의 천재적 노력으로 마침내 해독에 성공했다. 더 나아가 자동적으로 역추적 하는 암호해독기 '폭탄(Bomb)'을 개발했다. 폭탄은 에니그마의 암호조립을 엄청난 속도로 역추적 하는 고성능의 계산기였다. 그러나 자신들의 에니그마를 철저히 신뢰한 독일 최고사령부는 전쟁이 끝날 때까지도 에니그마가 침투되었다고 믿지 않았다. 울트라 작전은 극도의 보안을 유지하다가 1980년대가 되어서야 비밀 해제되어 일반에 공개되었다.

베노나 프로젝트

베노나 프로젝트는 1940년대와 1950년대 미국과 영국의 정보당국이 소련의 암호문을 체계적으로 해독한 비밀사업이었다. 기밀을 유지하기 위해 심지어 루스벨트 대통령과 트루먼 대통령에게도 베노나 프로젝트의 존재를 보고하지 않았다고 한다. 베노나 프로젝트의 대표적인 기술정보 성공 사례는, 앞서 살펴본 로젠버그 부부 스파이 사건의 적발과 케임브리지 5인방 사건의 전모 파악이다.

애쉴론(ECHELON) 감청망

애쉴론은 전 세계에 대한 전자적 신호정보 감청망이다. 미국, 영국, 캐나다, 오스트레일리아, 뉴질랜드의 영연방 5개 국가가 운용하는 전자적 지구 정보망이다. 애쉴론은 전 세계의 모든 라디오와 위성통신, 전화, 팩스 그리고 이메일을 광범위하게 자동감청하는 것으로 알려졌다. 획득된 정보는 초고성능의 슈퍼컴퓨터로 자동 분류되어 데이터 마이닝 시스템을 구축한다.

공개출처정보(OSINT) 사례

공개출처정보는 신문, 잡지, TV 등 공개 자료를 분석하여 생산하는 정보이다. 정보의 세계에서 '공개'란 비밀과 반대로 누구나 접근이 가능하다는 의미이다. 공개출처정보는 정보의 본질론과 연결되어 정보기구의 성격을 확연히 바꿀 수 있다. 그것은 정보기구는 최고의 국책연구소가 되어야 한다는 주장과 연결된다.

공개출처정보는 정보기구가 만들어진 이래로 정보수집의 중요한 일부분이었다. 국가에 따라 다르지만 일반적으로 전체 생산 정보의 약 75%에서 많게는 90%가 공개출처정보이다. CIA 초대 국장이었던 힐렌코에터는 1948년에 이미 CIA의 80% 정보가 외국의 서적, 잡지, 방송 등 공개 자료에서 수집된다고 했다. 공개출처정보는 다른 정보수집 활동의 시발점이 될 수도 있다. 공개출처로부터 충분히 수집 가능한 정보를 생산하기 위해 비밀 활동을 하는 것은 정보자산의 낭비로 대단히 어리석은 일이다.

공개출처정보 전문가인 로버트 스틸은 "학생이 갈 수 있는 곳에 스파이를 보내지 말라(Do not send a spy where a school boy can go)"라고 말하여 정보수집 활동은 먼저 공개출처정보를 활용할 수 있는지를 판단하는 것에서 시작되어야 함을 강조했다. 냉전시대에는 공산권 국가들에 대한 비밀활동이 매우 제약적이었기 때문에 그 나라가 발간하는 각종 공개 자료는 중요한 자원이었다. 1971년 CIA는 소련 과학자 피토르 우핌체프의 '굴절에 대한 물리법칙에 있어서의 한계 파장론'을 번역·발간했다. 이 자료가 오늘날 스텔스 기술의 초석이 되었다.

공개출처정보는 접근이 쉽고, 정보수집이 상대적으로 안정적이고, 비용이 많이 들지 않는다는 3가지 장점이 있다. 인터넷과 24시간 뉴스 채널 등의 출현과 발달은 세계 도처에서의 공개 자료에 대한 접근성을 획기적으로 높여 주었다. 공개 자료는 언제든지 가져다 볼 수 있어서, 첩보를 안정적으로 확보할 수 있다는 특징도 있다. 마지막으로 비밀활동에 비해서 위험성이 거의 없고 비용도 적게 든다는 이점도 있다.

공개출처정보의 장점이기도 하지만 가장 큰 단점은 방대한 양이다. 방대한 자료에서 진주를 찾아내는 소위 '밀과 겉겨의 문제'를 야기한다. 또한 상대세력이 의도적으로 조작할 수도 있다. 예를 들어 냉전시대에 소련은 국제기준에 따라야 하는 지도까지 조작한 바도 있었다. 또한 공개 자료는 필요한 때에 바로 공개되는 것이 아니기 때문에 정보를 적시에 확보하는 데 한계가 따른다.

정보의 홍수를 이루는 오늘날 공개출처정보는 매우 중요하다. 그런데도 정보공동체가 신호정보, 영상정보 같은 고비용의 정보에 지나치게 매몰되고 있다는 비판이 제기된다. 한편 공개출처정보는 절대로 무료가 아니다. 공개 자료의 수집과 분류, 데이터베이스화는 하루 24시간, 1년 365일간 지속적으로 이루어져야 의미 있는 정보를 생산할 수 있다. 공개 자료라고 하지만 적시의 신속한 획득을 위해 특별한 수집기법이 요구된다. 두 번째의 오류는 인터넷을 공개출처정보의 만능이자 대부분이라고 생각한다는 것이다. 그러나 그렇지 않다. 공개출처정보에서도 최고를 자랑하는 미국 정보공동체의 경우에 인터넷 출처는 전체의 공개출처정보 중 단지 3~5%에 지나지 않는다.

3장

한국전쟁 관련 비밀공작

6.25전쟁에서 가장 알려지지 않은 부분이 남과 북의 비밀공작 부분이다. 특히 북한의 정보작전은 현재까지도 거의 알려지지 않고 있는데, KGB의 지원하에 상당히 성공적으로 수행되어 남한 측에 많은 타격을 준 것으로 알려졌다. 국제 전쟁법은 전쟁 중이라도 민간시설과 민간인에 대한 공격을 금지하기 때문에 민간영역에 대해서는 정보기구가 주도하는 비밀공작 형태로 전개된다.

남한 측 스파이는 대부분이 젊은 고등학생들로 북쪽 출신의 민족주의자들이었다. 이들은 반(反) 김일성을 표방한 민족주의자들로서 학생 스파이는 2만 3,000여 명에 달했다. 공중, 해상 그리고 휴전선 등을 통한 침투를 통해 정보수집이라는 기본적인 임무 이외에도 각종 게릴라전을 주도하고 수중 폭파 작전, 요인암살 등의 임무를 수행했다.

1950년 11월 30만 명의 중공군이 참전해 전황이 재차 역전되기 시작할 때 미8군 사령관 워커 장군은 중공군의 공격대열이 어디를 향하고 있는가를 파악하기 위해 비밀공작을 전개했다. 비밀공작의 임무는 적진에 스파이를 파견하여, 중공군의 규모를 파악하는 것이었다. 단순한 전달 임무라는 이유와 스파이 무기부족으로 학생스파이들은 연락장비도 없이 컬러 소화탄을 지참하고 적진에 투하되었다. 학생스파이들을 '담배 연기팀'이라고 이름 붙였다. 불을 붙이면 색깔을 내는 컬러 소화탄을 지참한 채 C-47 수송기에 몸을 싣고 매일 저녁 12시에 적진에 투하되었다. 중국군이 발견되면 빨간색 신호를, 북한군이 있으면 노란색 신호를, 적군이 없거나 소규모이면 초록색 색깔의 불을 지폈다. 저공비행하는 아군 비행기가 색깔을 포착해 작전에 대비했다. 약 25%의 색깔신호 획득이 가능해서 중국군의 공격에 대비해 전쟁을 유리하게 끌고 갔다.

'담배 연기 점프 임무'라고 명명된 스파이 작전에는 특별히 선발된 여성들도 동원되었다. 여성스파이를 토끼(rabbits)라고 했다. 토끼들은 미모를 갖춘 매력적인 젊은 연기인들 중에서 선발했다. 이승만 대통령 영부인 프란체스카 여사가 직접 선발했다. 젊은 여성스파이들의 활약은 미 공군 특별 공중 임무팀의 전설이 되었다. 공중 임무팀의 지휘관이었던 아더 홀트는 여성스파이팀의 활약상을 다음과 같이 설명했다.

"여성 토끼들은 대통령 영부인이 직접 선발했다. 영화배우 등 연기자들로 미모를 갖추었다. 그들은 겨울철 영하 40~50도에 달하는 심야에 적진으로 공중 투하됐다. 일부 여성들은 몸이 너무 가벼워 착지가 쉽지 않았다. 여성스파이들은 적진에 착륙하면 북한과 중국군 장교들에게 수단과 방법을 가리지 않고 접근해 환심을 얻은 후 부대규모, 위치, 공격계획 등을 파악했다. 상황 파악을 마치면 접전지로 도망쳐 비밀 암호를 제시하고 아군 진영으로 넘어와 획득 정보를 알려 주는 임무를 수행했다. 배우 출신 스파이들의 활동은 작전 전개에 대단히 유용했다."

또한 지휘관 아서 홀트는 다음과 같이 회고했다.

"어느 여성 토끼가 긴급히 연락해 아군은 전혀 예상하지 못했던 정보를 제공했다. 그것은 미 2사단을 상대로 한 중공군의 대규모 공격이었다. 아군은 취약지를 즉시 강화해 성공적으로 중공군의 공격을 격퇴했다. 여성 스파이는 중공군 중령과 잠자리를 함께 하면서 작전계획을 입수했다. 여성 스파이들은 한 걸음 더 나아가 고위 소련군 장교의 납치 작전에도 활용되었다."

비극의 대한항공, 정보 강국들의 희생양인가?

미국의 저널리스트이자 작가인 세이모 허시는 1969년 '메일라이 대학살'이라는 제목으로 월남전에서 미군이 자행한 민간인 학살사건을 보도했다. 허시는 2004년에는 이라크 아브그라이브 수용소의 성추문 등 잔학행위를 보도했다. 기사들은 모두 사실로 판명되었다. 그러한 공로로 그는 뛰어난 활약을 한 언론인에게 수여하는 조지 폴크상을 15번이나 수상했다.

허시는 1986년 『목표는 파괴되었다(*The Target is Destroyed*)』라는 제목의 책을 발간했다. 책에서 허시는 1983년 소련군이 대한항공 007편(KE 007)을 미사일로 격추한 것은 소련과 미국 정보공작의 결과적 합작품이라고 주장했다. 여객기에 타고 있던 269명의 승객은 전사했다. 소련은 민간항공기인 줄 전혀 몰랐고 미국의 고의 유도로 소련 영공을 침범한 비행물체를 방어 차원에서 정당하게 공격했다고 주장했다.

허시는 대한항공 007편 격추사건의 시작은 미국의 비밀공작으로 그 작전은 국제적으로 소련을 크게 당황하게 만들고, 소련 방공망의 기민성을 시험하기 위한 것이었다고 주장했다. 물론 허시의 이러한 주장은 미국의 공식 입장과는 크게 다르다. 당시 레이건 대통령은 소련의 '야만적 행동'이라고 맹비난했다. 미국은 후속 조치로 모든 소련 승객들의 미국 여행을 유보시켰다. 예정된 정상회담도 파기했고, 소련을 재정적으로 크게 압박했다. 철저한 반공주의자였던 레이건 대통령은 소비에트 공화국은 '악의 제국(Evil Empire)'으로 '역사의 재'로 사라질 것이라고 비난했다.

그런데 나중에 공개된 미국의 비밀자료에 의하면, 레이건 행정부 초기 몇 달 동안에 미국 국방부는 소련을 상대로 하여 '심리공작' 훈련을 하고 있었다. 대한항공 피격 약 5개월 전에 미국 해군은 소련 해군기지 약 450마일 지점까지 접근하는 해상훈련과 소련 영공의 취약점과 대응의 신속성을 알아보기 위해 의도적으로 영공을 침범하는 심리작전인 '족제비 공작'도 수행했다. 작전에는 허위깃발도 동원되었다. 허위깃발 또는 오인깃발은 실체를 숨기기 위해 다른 나라, 다른 조직, 다른 단체의 깃발이나 상징을 사용하여 상대세력이 오판하도록 유도하는 비밀공작을 말한다.

대한항공 격추사건에 대한 의견은 아직도 분분하다. 허시의 주장은 거의 소련의 주장과 일치하는 것으로 소련 측이 의도적으로 유출한 자료에 의한 판단이라는 비판도 제기된다. 왜냐하면 당시 소련은 미그 기를 대한항공 측면에 발진시켜 육안으로도 대한민국 국적이라는 확인이 가능했음에도 불구하고 유도 착륙 없이 미사일 공격을 했던 것이기 때문에 소련으로서는 전혀 변명의 여지가 없다는 것이다.

한편 미국의 심리공작을 잘 파악하고 있던 소련이 미국을 곤경에 빠뜨리기 위한 초강수로 민간여객기 공격을 감행한 것으로써, 소련이 미국에 전개한 역공작일 수도 있다는 주장도 제기되었다. 소련은 자신들이 속아 넘어가는 것처럼 하면서 미국 정보당국이 유도한 민간항공기를 공격했다는 것이다. 미국의 대외정책에 영향을 미치려는 의도에서 소비에트 공화국의 강성지도자들이 주도한 역공 비밀공작이라는 주장이다.

결국 대한민국만 모르고 있었지, 약육강식의 국제무대에서 정보세계가 어떻게 전개될 수 있는지를 적나라하게 보여준다. 우리의 젊은이들은 이 땅의 자유와 평화는 결코 거저 얻어지는 것이 아니라는 사실을 절감해야 한다. 대한민국이 세계 속에 진정한 정보 강대국이 되는 그날 역사적인 진실을 밝혀야 할 것이다! 그 선두에 대한민국 국가정보원이 있어야 한다.

4부

국가정보원

1장

대한민국 국가정보의 전개

일본의 항복과 함께 미군통치가 이어졌다. 정보업무는 미국 방첩부대(CIC)가 주도했다. 미군정이 끝난 후에는 대한민국 육군본부 정보국이 정보를 주도했다. 육군본부 정보국은 특무부대, 소위 방첩대를 창설하여 간첩 등 대공 업무를 전담했다. 육군 특무부대가 바로 국군기무사령부의 전신이다.

정치적 안정으로 국가의 기틀을 다지면서 문민 국가중앙정보기구 시대를 맞았다. 미국 중앙정보국(CIA)의 도움이 컸다. CIA는 공산권과 대립하고 있는 한국과의 정보협력을 매우 중요하게 생각했다. CIA는 1950년대 말 한국 연합참모본부 유재흥 총장에게 연락 파트너로 정보기구 개설을 요청했다. 그러나 이승만 대통령이 주저하자 국방부는 법적근거 없이 1959년 1월 국방부장관 직속으로 '중앙정보부'를 창설했다. 국방부장관 직속의 '중앙정보부'는 CIA 한국지부의 파트너가 되어 대외적으로는 '79호실'이라는 위장명칭으로 활동했다. CIA의 정보기구 설립 요구는 자유당 장면정부에서도 계속되었다. CIA는 조직·훈련·운영 자금 등에 대한 전폭적인 지원을 약속했다. 장면정부는 1961년 1월 총리 직속으로 중앙정보연구위원회라는 중앙정보기구를 창설했다.

대한민국 정보활동의 특성

대한민국의 정보활동은 전쟁과 독립운동 등 현실적인 투쟁과 함께 실천적으로 이루어진 전통이 있다. 영토전쟁과 외세침입으로부터 국가를 수호하고 안보를 지키는 일에서부터 새롭게 나라를 창업하며 나라를 지키는 일은 국가정보의 도움이 없이는 불가능했다. 대한민국 국가정보는 바로 국가의 기틀을 세우는 일등 공신이었다.

우리는 빛나는 비밀공작과 방첩공작 전통도 있다. 대한민국의 정보활동은 체계적으로 정보를 생산하고 배포하는 정상적인 방식으로 전개됐던 것이 아니다. 목전에의 전쟁과 독립운동 등 투쟁의 상황에서 실천적으로 군사작전 활동에 병행하여 단기 전술적 정보공작이 주로 이루어졌다.

세 번째의 자랑스러운 정보전통은 국민들의 자발적인 참여와 지원이다. 국민들의 자발적·헌신적 참여는 삼국시대 전쟁의 현장에서는 물론이고, 조선시대 북학파 유학자들의 자발적인 경제스파이 활동과 항일 투쟁의 역사에서도 찾아볼 수 있다. 6.25전쟁에서 연예인들이, 그것도 여성의 몸으로 국가의 부름에 흔쾌히 목숨을 걸고 엄동설한에 적진에 공중 투하되어 담뱃불 신호를 보내 온 전통과 냉전시대의 최첨단 이념 대결의 장에서 목숨을 건 대북 인간정보 활동에 참가한 정보요원들은 다른 나라에서는 감히 상상하기 어려운 좋은 국가정보 전통이다.

네 번째로 국가 지도자들의 전폭적인 정보지원과 적극적인 활용이다. 마지막으로 미국 정보기구 영향하의 발전과 성장이다. 한국의 정보기구는 3년 동안 실시된 군정 통치와 6.25전쟁을 거치면서 미국의 선진 정보활동을 직접 체험했다. 또한 미국 본토에서의 교육을 받으며 성장한 전통이 있다. 국가 근대화에 있어서 국가정보기구는 그 어느 부문보다도 훨씬 앞서 선진문물을 체험하고 성장했던 것이다.

2장

대한민국 중앙정보기구들

중앙정보연구위원회

중앙정보연구위원회는 1960년 11월 11일에 창설된 정보기관이다. 약칭은 중앙정보위 또는 정보연위(情報硏委)였다. 장면 총리가 CIA의 권고를 수용하여 국무원 산하에 창설했다. 목적은 행정부처에 종합적인 국내외 정보를 제공하기 위함이었다. 국무총리를 위원장으로 하고 국무원 사무처장, 외무부장관, 내무부장관, 재무부장관, 법무부장관 및 국방부장관이 위원이었다.

시국정화운동본부

1961년 3월 2일 출범한 정보기구이다. 약칭은 시국정화단이다. 그동안 이승만 측근 세력의 쿠데타 기도, 이범석 족청계열, 박정희 군부계열의 쿠데타 정보가 확산되면서 장면 총리는 중앙정보연구위원회와 별도로 비밀리에 시국정화단을 발족했다.

시국정화단은 쿠데타 정보, 불순조직 해체, 북한·일본·중국 등 인접국가의 움직임에 대한 정보보고를 했다. 1961년 봄부터 10여 차례의 쿠데타 정보를 생산했다. 쿠데타 가능성은 끊이지 않았다. 그러나 민주당 장면정부는 비상대책을 세우지도 않았고 용의자들에 대한 철저한 조사도 없었다. 인권유린을 이유로 자유당 때의 군 정보기관을 모두 폐지했고, 수사경찰도 해직하여 정보를 입수해도 뒤처리를 할 능력이 없었다. 결국 5.16 군사혁명을 막지 못했고, 이후 중앙정보위와 시국정화단은 통합되어 중앙정보부로 발족되었다.

중앙정보부

"우리는 음지에서 일하고 양지를 지향한다."

중앙정보부의 모토이다. 약칭은 중정(中情)으로 통했다. 중정은 1961년 5월 20일 창설된 대한민국의 본격적인 중앙정보기구이다. 1981년 국가안전기획부로 개편되기까지 약 20년 동안 국가정보를 주도했다.

5.16 군사혁명 당시 특무부대 요원 3,000명을 이끌었던 김종필 중령은 중앙정보연구위원회와 시국정화운동본부를 흡수 해체하여 군사혁명위원회의 정보조직으로 중앙정보부를 창설했다. 1963년 박정희 장군이 대통령 대행이 되면서 내각직할기관이 되었다. 창설 이후부터 급격히 요원 수를 확대했다. 방대한 조직을 활용하여 정보 업무 이외에도 대공·간첩 등 반국가사범 수사를 담당하면서, 경찰과 검찰을 지휘하고 반정부 세력에 대한 광범위한 감시와 적발 업무를 수행했다.

1963년 12월 군정이 끝나고 민정으로 이양하면서 대폭 바뀌었다. 타 부처 예산에 중앙정보부 예산을 편입하고, 중앙정보부 각 부서라도 서로 간에 업무 파악을 못하도록 법으로 규정했다. 소위 칸막이 원칙이다. 중앙정보부는 국가재건최고회의와 박정희의 친위 정보기관이자 미국 CIA의 대응기관으로 출발했지만 점차 국가안보와 북조선, 주변 공산국가와의 상대를 위해 헌법 이상의 역할을 하는 기관으로 부상했다. 1972년 10월 유신 선포 이후에는 부총리급으로

격상되었다. 부사관과 소령급 이상 장교들이 파견되어 근무하였고, 대령, 준장급 인사가 특별보좌관이나 차장보로 파견 근무를 오기도 했다. 검찰의 부장 검사급 인사가 특보로 부임하여 근무했다.

중앙정보부는 군정보기구를 포함한 모든 정보기구를 조정·감독하고 해외정보와 국내정보를 담당하여 미국 CIA와 FBI의 기능을 통합한 것으로 평가된다. 미국 CIA를 본떠 영문 명칭도 K-CIA로 했다. 그러나 실제로는 소비에트 공화국의 무소불위의 정치사찰기구인 KGB에 더 가까운 것으로 한국의 KGB, 따라서 K-KGB가 더 어울리는 이름이라는 악평이 따랐다. 중정은 강력한 정보·수사기관으로 탄생하여 다양한 연결고리로 거의 모든 행정부 업무에 개입했다. 근거법 이외에도 군사비밀보호 등 관련법을 연결고리로 하여 업무를 확장하며 국가정보를 독점했다. 감독·조정기능에 근거하여 다른 정보기구의 활동에 대한 통제권도 행사했다. 월권과 비판도 따랐다.

1961년부터 1979년까지 8차례에 걸쳐 발동된 계엄령 등 국가비상조치 상황에 따라서 정보활동은 더욱 활발히 전개되었다. 1972년의 국회해산과 11월의 유신헌법 개정은 그 절정이었다. 이 기간에 중앙정보부는 군 정보기관을 포함한 모든 정보기관의 정보활동 및 수사업무를 감독·조종하고 국내정치에 적극 개입했다. 비밀경찰 임무도 수행했고 국내·외의 정보 연결망을 통해 막후에서 검찰총장과 감사원장의 임무도 함께 행사했다는 평가를 받았다. 많은 자금을 형성하여 예술 활동 지원, 정치후원금 기부 등으로 외국정부에 대한 로비도 수행했다. 대표적인 것이 1976년 발생한 박동선의 코리아게이트였다. 사건을 조사한 도널드 프레이저 의원에 따르면 중앙정보부는 약 115명의 미국 의원에게 금전 제공 등의 로비를 적극적으로 전개했다.

그러나 1979년 10월 26일 중앙정보부장 김재규가 박정희 대통령을 시해하는 사건이 발생하여 중앙정보부는 권한을 크게 제한받게 되었다. 마침내 1981년 국가안전기획부(이하 안기부)로 개명되며 역사의 뒤안길로 사라졌다.

국가안전기획부

국가안전기획부는 1981년 1월 21일 창설되었다. '안기부'로 통했다. 오늘날 국가정보원의 전신으로 1999년 5월 24일 국정원으로 이어질 때까지 약 18년간 존속했다. 전신인 중앙정보부가 체제 비판세력에 대한 제압에 앞장섰고, 대통령 살해의 주체기관이라는 오명에 빠지자 전두환 중앙정보부장이 국가안전기획부로 개편했다.

기본적으로는 국가안보에 관련되는 정보수집이 목적이지만 보안 및 범죄수사도 담당했다. 전신인 중앙정보부보다 공산주의 세력과 간첩 그리고 북한 추종세력에 대한 업무가 강화되었다. 그런데 암흑에서 이루어지는, 국가에 대한 상상을 초월하는 위협범죄에 대처한다는 업무성격으로 인해서 활동범위는 매우 넓기 마련이다. 또한 활동에 정형이 있기도 어렵다. 당연히 보는 관점에 따라서는 정치개입이고 인권침해라는 비판은 항상 따라 붙을 수 있는 업무속성을 지녔다. 그 결과 안기부는 내란과 외환의 위험에 대응하려고 했지만 그런 활동이 정치개입, 단적으로 선거조작이라는 비판에 여러 번 직면했다.

각국 정보기구가 그러하듯이 부서의 명칭과 임무가 반드시 일치하는 것도 아니다. '이름 따로, 임무 따로'는 정보 세계에서 보안을 유지하는 방편이다. 예를 들어 해외조사실의 주요 임무는 이름과 달리 대북공작이었다. 또한 대공 정보·수사실이라고 해서 대공정보 및 수사업무만을 수행하는 것은 아니었다. 대공정보뿐만 아니라 정치·경제·사회·언론 등 각 분야의 동향과 서울 관내의 지역 정보를 수집했다.

안기부는 1981년 법 개정으로 정부를 전복하려는 음모와 공산주의자들에 대한 공중의 안전, 즉 공안(公安)에 관한 권한을 부여받았다. 공중의 안전에 대한 안기부의 권한은 수사권, 기획·조정권, 보안감사권과 연결되어 예전의 중앙정보부의 권한을 거의 모두 회복했다고 평가된다. 1994년에는 국회 정보위원회가 설치되어 국회통제가 시작되었다. 더불어서 새로운 임무로 국제범죄조직과 테러에 대한 정보영역을 개척했다.

1987년 박종철 군 고문치사 사건으로 다시 한 번 회오리를 맞았다. 안기부와 보안사령부는 그동안 국회에도 상주했었으나 1988년 국회에서 철수했다. 법원에서도 철수했다. 또한 1989년에 이르러는 국회에서 예산결산 감사를 받기 시작했다. 관계기관대책회의의 근거이며 수사기관의 활동에 부당하게 간섭하고 인권유린을 행하는 도구로 이용된다는 비판을 받았던 안기부 주도의 정보조정위원회도 폐지되었다. 34년의 남산과 이문동 시대를 종언하고 1995년도에는 강남 내곡동 신청사로 이주했다. 안기부는 1999년 1월 22일 국가정보원(NIS)으로 새 출발했다.

해외의 평가

이러한 국내보안 임무에 대한 평가와는 다르게 미국은 우리의 북한과 외국을 상대로 한 활동을 매우 높게 평가했다. 일찍이 윌리암 콜비 전 CIA 국장은 한국 정보기구가 그 규모에 비해 이스라엘의 모사드를 능가하는, 효율적이고 강력한 역량을 가진 정보기구라고 극찬했다. 안기부는 1980년 후반부터 소련 및 동구권 국가와의 수교와 중국, 몽고, 베트남 등지로부터의 방문객이 급증하자 이들 방문객에 대한 감시활동을 전개했다. 전 CIA 부(副)국장 레이 클라인(Ray Cline)은 한국은 스파이 활동으로 엄청난 경제적 이득을 얻은 나라라고 말했다. 한국의 정보기구가 미국을 직접 상대로 경제정보 활동을 적극적으로 전개하는 것으로 보고 있다. 사기업체에 의한 산업정보 활동의 경우에도 그 배후에는 적지 않은 경우 한국 정보당국이 있는 것이라고 보고 있다. 1965년의 박동선 사건도 당시 중앙정보부가 공작금으로 26만 달러를 지원한 것으로 한국 국가정보기구가 개입한 산업스파이 사례로 보고, 한국을 산업스파이 활동의 요주의 국가 중 하나로 지목하고 있었다. 미국으로 망명한 전 중앙정보부장 김형욱이 그런 사실을 FBI에 시인해 주었다. 그는 구체적으로 정보공작 자금이 외교통로를 통하여 미국으로 건너온다고 증언했다.

미국 국방정보국(DIA)도 한국이 사기업체의 경제정보 이외에도 미국과 일본의 국가연구소의 컴퓨터 자료를 절취하는 정보활동을 전개하며 주로 컴퓨터 시스템과 우주항공, 핵무기에 대한 정보에 집중했다고 했다. 미국 정보공동체는 한국 정보기관은 미국 내에 거주하는 한국인들이 미국의 군사·과학·기술 정보를 가지고 오면 대가를 지불하는 방식으로 정보를 수집하는 것으로 파악하고 있다.

미국 FBI는 소위 다이아몬드 사건을 한국정보기구의 산업 스파이 예로 든다. 다이아몬드 사건은 한국의 일진(주)이 제너럴 일렉트릭 사(GE)의 제련 기술자인 엘리엇(Joe Elliott)을 고액으로 스카우트하려다가 미수에 그친 사건이었다. 이야기는 이렇다.

다이아몬드 제련기술 산업스파이 사례

미국 FBI는 1989년 제너럴 일렉트릭 사의 극비기술인 다이아몬드 제련기술을 외국 정보기구들이 탐낸다는 사실을 알고 있었다. 한국의 일진 다이아몬드 회사가 적극적으로 제련기술자를 고액의 연봉으로 매수하려 한다는 첩보를 입수했다. 제련기술자 포섭을 한국에서 1981년 샌프란시스코로 이주한 리가 담당했다. FBI는 리가 바로 한국 정보기관과 산업정보를 거래하는 산업 스파이라고 파악했다. 한국에서 이민 온 리는 미국에 정착할 때에는 샌프란시스코의 차이나타운을 전전하며 돈에 매우 쪼들렸다. 무역업을 했지만 여의치 않았으며 특별한 직업이 없던 인물이었다. 그런데 어느 날부터 고급 옷차림에 고급 레스토랑을 이용하며 돈이 떨어지지 않는 것처럼 생활했다. 그의 생활 모습을 FBI가 주시하고 있었다. 한편 리로부터 고액의 스카우트 회유를 받은 제련기술자 엘리엇은 그 사실을 지체 없이 본사에 알렸다. 이에 보안책임자 맥케이(Gordon McKay)는 엘리엇에게 거짓으로 접촉에 응하라고 하면서 면접 장소에 나가라고 했다. 면접 장소에 FBI 요원들이 들이닥쳤고, 한국 일진 다이아몬드 관계자 등이 검거되었다. 1993년 8월 한국의 일진 회사는 보스턴 연방법원에서 제너럴 일렉트릭 사의 인조 다이아몬드 제조기술을 절취하려 했다는 이유로 기소되어 유죄선고를 받았다.

경제위기 극복의 선봉에 서다

1979년 10월 26일 박정희 전(前) 대통령 사망 무렵 한국경제는 전반적으로 침체 상태로 인플레이션이 30%에 달했다. 또한 국제 원유시장에서 원유가격이 폭등하여 당시까지 매년 30억 달러 정도였던 원유 지출비용이 2배에 달했다. 그러나 국제시장에 비친 한국은 데모가 일상화되어 좌경화가 우려되는 위험국가로 인식되고, 경제의 취약성과 정치적 불안정으로 인해서 해외투자자들의 발걸음이 끊겼고 국제금융시장에서 자금을 조달하는 것이 매우 어려워졌다. 외국인들은 한국에 대한 신규투자나 투자연장을 관망하는 상태였다. 1980년 전두환 대통령 취임 당시 경제기획원은 그해에만 77억 달러의 긴급자금이 필요하다고 보고할 정도로 국가경제는 어려웠다.

1980년 9월 한국경제의 미래를 결정할 두 명의 중요한 경제인이 한국을 비밀리에 방문했다. 한 사람은 체이스 맨해튼 은행의 최고 책임자 록펠러였고 다른 사람은 시티은행의 스펜서였다. 방한 목적은 한국의 실상을 직접 확인하고 투자금의 연장 여부를 결정하는 것이었다. 필연코 이들이 대부금의 연장을 거부하면 거의 모든 외국 투자자들도 따라서 빠져나갈 것은 명백했다. 이들의 마음을 회유하고 좋은 조건으로 다시 대부금을 연장하라는 임무가 시달되었다. 그들의 한국 체류 중에 안기부는 미행과 도청 등으로 하루 24시간 일거수일투족을 파악하며 그들의 의심을 사전에 대비하는 등으로 모든 의문점을 해소해 주고 국내·외에서의 제반 정보파악 및 대처로 재연장을 성사시켰다. 결국 안심한 다른 외국자본의 재투자와 신규 투자를 이끌어 내어 1980년대 한국의 경제위기를 극복했다고 미국 정보공동체는 평가했다.

1980년 9월 1일 취임한 전두환 대통령은 각별히 경제정보가 한국의 국력을 신장하고 독립을 담보할 수 있는 초석이라고 판단했고 유학성 장군을 신임 정보부장에 임명했다. 새로 수장으로 취임한 유학성 부장은 한국의 국가안보 문제는 북한과의 전쟁 방지와 경제력 강화의 2가지에 있다고 강조했다. 그는 취임 후 먼저 중앙정보부 내의 약 300명의 무능하고 부패한 정보요원들을 퇴출시켰다. 대부분 박정희 전 대통령과의 정치적 이해관계에 따라 임명되었던 사람들이었다. 그 대신 유능한 군인, 경제학자, 과학자 그리고 고급공무원들을 특별 채용했다. 1980년 9월 정보부에 다른 부처를 포함한 7명의 위원으로 구성된 개혁위원회를 설치했다. 이들은 한국의 경제발전에 기여할 기술정보 활동의 강화와 해외정보를 강조한 보고서를 작성했다. 보고서 가운데 눈에 띄는 내용은 지금까지 잠재적인 위협으로 보던 해외 거주자를 같은 동포로 우호 세력화하는 것과 미국과 일본에서의 경제정보 활동의 강화와 정보자산의 확대와 통합 운영이었다.

웃는 새 공작

미국 정보공동체는 한국 정보기구의 경제스파이 활동의 기틀과 전형은 전두환 전 대통령과 그에 의하여 임명된 유학성 부장에 의해 다져졌고 구체적으로는 소위 '소조(笑鳥, The Laughing Bird)' 공작에 의해 이루어진 것으로 보고 있다. 미국과 일본에서의 산업스파이 공작 활동을 웃는 새, 즉 '소조'라고 이름 지었다. 소조 공작은 특히 일본에서 재일동포들의 적극적인 협조로 전개되어 다양한 산업기술을 확보했다. 대표적 사례로 일본의 통상산업성 소속의 과학·기술국이 추진하던 극비의 새로운 에너지 연구개발인 선샤인프로젝트의 공정을 확보한 것이라고 한다.

또한 1984년 이바라키 현 츠쿠바 시에 있는 특별연구소에 대해 일과 후 청소용역을 수주받은 요원들이 청소부로 가장하여 청소를 하면서 연구실에 접근하여 다수의 정보를 수집했다. 레이저를 이용한 특수 제조공법도 입수했다고 한다. 또한 1986년 인도네시아가 발주한 유조선과 선박수리 입찰에서 경쟁사였던 미츠비시중공업 등의 입찰내용을 입수하여 경쟁을 물리치고 한국 조선사가 낙찰받게 했다. 미국의 실리콘 밸리와 다른 연구소에서도 다양한 경제정보 수집활동을 전개했다.

전방위 국가이익 수호활동

한편 리처드 워커 전 주미 대사에 따르면 국가안전기획부는 1984년 레이건 대통령이 방한했을 때 숙소에 대한 도청을 시도했으나 미국 보안팀에 의해 무산된 일도 있었다. 오늘날 각국이 경제정보 활동을 하는 기법은 거의 유사하다. 수색공작·미행·감청·미인계·서류절취나 복사 등의 수법은 이미 고전이다. 주요 비즈니스맨이나 경제정책 담당자들의 해외출장 시에는 의당 일어날 수 있는 일상적인 내용들이다. 다만 어느 나라가 더 세련되고 매끄럽게 수행하는가 하는 스파이 기술의 문제일 뿐이다. 우리 정치인들만 모르지 그것이 정보세계의 현실이다.

대부분의 국가에서 국가이익을 위해 외국기업을 상대로 하는 경제정보 활동은 다양한 법리로 합법성이 인정된다. 앞으로 특히 경제 분야에서 우리 정보기구의 뛰어난 업적이나 실패한 사례들이 많이 공개되어 그러한 임무를 수행한 사람들에 대해 정당한 역사적인 평가를 내려져야 한다. 이를 통해 성공사례는 발전시키고, 실패사례는 연구하여 오늘날의 치열한 경제 스파이 활동에 전력을 재정비해야 할 것이다.

정보기구가 압수 수색 당하다

미림팀은 1960년대부터 중앙정보부가 정치인 등 주요 인사들의 동향 파악을 위해 운영하던 도청팀의 별칭이다. 미림(美林)이라는 이름은 고급 술집의 미인마담 등을 협조자(속칭 '망원')로 활용한 데서 비롯됐다. 내부적으로는 '여론조사팀'이 공식명칭이었다. 안기부는 노태우 정부 말인 1991년 9월 공운영을 팀장으로 조직을 재정비했다가 대통령 선거 직전인 1992년 12월 활동을 중단했다. 그런데 문민정부 출범 이후인 1994년 6월 미림팀이 재건되었다. 검찰은 2차 미림팀이 활동한 3년 5개월 동안 하루 1개, 일주일에 5개씩 모두 1,000여 개의 도청자료를 생산한 것으로 추산했다. 도청대상은 여야 정치인·언론 사주·청와대 수석·국무총리·보안 사령관·참모총장을 망라했다.

2005년 7월 안기부 직원 김기삼이 미림팀의 실체와 김영삼 정부에서의 재건을 폭로했다. 오정소 신임 대공정책실장이 문민정부 출범 이후에 미림팀을 재조직하고 공운영을 팀장으로 운영했다고 폭로했다. 미림팀은 매일 저녁 장소를 정해 불법 도청했다. 자료는 오실장이 직접 관리했다. 오실장은 김덕 안기부장에게도 보고하지 않고 청와대에 직보했다. 도청내용은 청와대 정무수석 이원종과 김영삼 대통령의 차남 김현철 라인으로 전달됐다는 의혹이 제기되었다.

선린 상고를 졸업하고 중앙정보부 9급 공채를 통해 중앙정보부 요원이 된 공운영은 1992년 미림팀장에 발탁되었다. 1992년 대선에서 승리한 김영삼 대통령은 김덕을 국가안전기획부장으로 임명했다. 김덕 부장은 취임 직후 미림팀을 불법 도청팀으로 단정하고 해체했다. 그러나 1994년 오정소가 대공정책실장에 부임하며 미림팀은 다시금 부활했다. 이미 한 번 팀의 해체를 경험한 공운영은 팀장으로 재직하면서 퇴직 후를 대비하여 불법 도청 테이프를 밀반출하여 몰래 보관했다.

1997년 안기부 미림팀은 대선자금과 관련한 당시 홍석현 중앙일보 사장과 이학수 삼성그룹 비서실장과의 대화 내용을 3차례에 걸쳐 도청했다. 소위 대선자금 X파일이다. 국민의 정부를 표방한 김대중 정권이 출범하자 미림팀의 실체가 드러났고, 삼성의 대선 비자금 관여 도청자료가 폭로되었다. 미림팀은 다시금 해체되고 공운영은 국정원에서 면직당했다. 검찰은 미림팀 X파일을 수사하면서, 2006년 8월 19일 헌정사상 최초로 국정원을 압수수색했다. 전 국정원장 신건과 임동원을 불법도청의 공범으로 구속했다. 같은 혐의로 조사를 받던 이수일 국정원 전 제2차장은 검찰 수사의 심적 고통을 이기지 못하고 자살했다. 정권과 유착된 정보기구의 업보였다.

국가정보원

자유와 진리를 향한 무명의 헌신!

국가정보원(NIS: National Intelligence Service)의 원훈(院訓)이다. 국정원은 중앙정보부, 국가안전기획부를 거쳐 1998년 창설된 대통령 직속의 중앙정보기구이다. 서울특별시 서초구 내곡동에 위치하고 있다. 민주성과 개방화에 따라서 소재지가 공개되었는 바 심심치 않게 데모도 열린다.

정보업무는 그 성격상 정권 교체기마다 시련을 겪는다. 정보를 알지 못하는 사람이 집권을 하는 경우에는 더욱 그러하다. 2004년 노무현 전 대통령의 참여정부는 '과거사건 진실규명위원회'를 발족했다. 약칭으로 '진실위원회'라고 한다. 진실위원회는 중앙정보부, 안기부, 국정원 시절의 인권침해를 규명한다는 이름으로 출발했다. 출범부터 정치적인 동기로 시작하여 반발과 비난이 이어졌다. 정보업무가 제대로 될 리가 없었다.

인권침해 의혹 사건은 김영삼 질산 테러, 부일장학회 헌납 및 경향신문 매각, 인민혁명당 및 민청학련, 김대중 납치, 최종길 교수 사망, 김형욱 실종, KAL 858기 폭파, 남한 조선노동당, 초원 복집, 미림팀 도청, 삼성 X파일, 동백림 사건 등으로 정치적인 관점에서 방향성을 달리할 수밖에 없어서 역시 결론도 정치적일 수밖에 없는 사건들이었다.

출범부터 개혁의 이름으로!

1998년 출범한 DJ정부에게 안기부는 대대적인 개혁의 대상이었다. DJ정부는 안기부가 DJ정부 출범을 조직적으로 반대한 것으로 판단했고, 인권탄압기구라는 오명이 있는 안기부와의 절연이 필요했다. 당연히 안기부에 대한 대대적인 개혁이 정권의 소명이 되었다. 시작은 인적청산이었다. 이후부터 인적청산은 개혁 단골메뉴가 되었다.

명칭변경도 했다. 국가정보부, 국가정보원, 국민정보원 등의 이름이 검토되었다. 국가정보부는 권위주의적 냄새가 배어 있다는 이유로 배제되었다. 국민정보원은 유약한 이미지 때문에 탈락되었다. 최종적으로 국가정보원으로 정해졌다. 명칭 변경의 의미는 영문 명칭에서도 나타난다. 과거의 중정이나 안기부는 '국(局)이나 청(廳)'을 의미하는 'Agency'를 사용했다. 그러나 국정원은 'National Intelligence Service'로 서비스라는 용어를 사용하여 권위주의를 탈색하고 봉사기관으로서의 이미지를 강조했다.

한편 2008년 새로운 정부 출범과 더불어 예산 10% 절감을 추진하고 해외 주재관을 재배치하기로 결정했다. 개혁이라는 이름으로의 조직 재편을 책임자가 바뀔 때마다 수시로 한 것이다. 그런데 일국 최고의 신경조직에 대한 대대적인 수술은 그 후유증이 오래갈 수 있다. 대한민국 최고의 중앙정보기구인 국가정보원은 민주화와 혁신이라는 요구에 의해서 그동안 조직과 기능이 변경되고 개폐되어 왔다.

대통령 직속 중앙정보기구에 대한 이해

국가정보원법 제2조(지위)는 "국정원은 대통령 소속하에 두며 대통령의 지시·감독을 받는다"라고 되어 있다. 그런데 국정원이 대통령 직속기구라는 의미에 대해서 많은 오해가 있다. 권위주의 정권 시절에는 대통령 직속기구라는 의미를 오로지 대통령에의 충성기구라는 의미로 해석했다. 그러므로 국정원은 오직 대통령의 명령만 받고 대통령에게만 보고하는 조직이라고 이해했다. 당연히 대통령의 직접적인 후광을 입는 기관으로 조직의 권위가 고양되었고 막강한 권력기구로 인식되었다.

그러나 그것은 잘못이다. 대통령 직속이라는 의미는 정보기구의 업무상 잘못에 대한 책임은 직접적으로 대통령에게 귀속된다는 의미이다. 바꾸어 말하면 책임 소재의 명확화에 지나지 않는다. 어떤 경우에도 국정원은 국민과 국가를 위한 정보기구이다.

현행 국정원의 직무

많은 사람들은 그동안의 오도된 언론의 힘으로 국정원을 간첩잡고 댓글을 다는 곳으로 알기 쉽다. 과연 그럴까? 대답은 '그렇지 않다' 이다. 국정원의 본질적인 책무는 국가안보 수호와 국가이익 확보를 위한 국가정보를 생산하는 것이다. 정보생산은 대한민국이 존속하는 한 영원히 이루어져야 할 일이다. 국정원은 단적으로 결정적인 순간에는 그 누구도 우리의 맹방이 될 수 없는 무한 경쟁의 글로벌 세계에서 대한민국을 반듯하게 지켜 주기 위한 수문장이다. 국정원의 임무를 법에 규정된 대로 간략하게 살펴본다.

제1호(정보의 수집·작성 및 배포 업무)

국정원은 단적으로 특별한 방법으로 첩보를 수집하여 국가정보를 생산하고, 그 정보를 유관기관에 제공하는 활동을 말한다. 해외정보에는 제한이 없다. 국정원은 가용한 인적·물적 자산을 활용하여 다양한 해외정보를 생산해야 한다. 영원한 우방이나 적국도 없다. 따라서 가능한 많은 해외정보의 생산은 필수적이다.

반면에 국내정보는 원칙적으로 보안정보로 한정한다. 법에 규정된 보안정보는 대공·대정부전복·방첩·대테러 및 국제범죄조직에 대한 정보이다. 대공정보는 공산주의 세력에 대한 정보이다. 대정부전복정보는 현 정부에 불만을 가지고 정권타도를 의도하는 세력에 대한 정보이다. 방첩정보는 간첩에 대한 정보이다. 대테러 및 국제범죄조직에 대한 정보 역시 보안정보이다.

보안정보는 국가가 발전하고 번영하려면 먼저 집안 단속부터 해야 된다는 단순한 교훈에서 출발한다. 이에 내부의 불만세력을 척결하기 위한 정보이다. 오늘날 내부불만세력은 늘어 가지만 대처가 힘들다. 보안정보의 성격상 정치적 논란이 불가피하고, 이념 논쟁이 이어지기 때문이다. 그러나 종북세력이 간첩과 공산주의 세력을 의미한다면 종북세력에 대한 정보활동이 정치 사찰로 왜곡되어 중단될 수는 없는 일이다.

정보수집과 배포는 국정원의 일상 업무이다. 일상 업무로써의 정보수집과 배포를 하는 방식은 나라마다 차이가 있다. 하지만 국정원은 비가 오나 바람이 부나, 선거철이나 선거철이 아닌 경우에도 국가안전보장과 국가이익을 위해서 지속적으로 정보를 생산하여 배포해야 한다.

대(對) 북한 정보 문제

북한에 대한 정보가 해외정보인가, 국내정보인가의 문제가 있다. 헌법 제3조의 규정상 북한지역은 대한민국의 영토이고, 따라서 북한에 대한 정보는 국내정보라는 주장이 있을 수 있다. 그러나 그렇게 보는 경우에는 북한에 대하여도 오직 '보안정보'에 대해서만 정보활동을 해야 한다는 불합리한 결과에 이르게 된다. 주지하다시피 북한은 1991년 대한민국과 함께 UN에 가입했고, 따라서 국제법적으로는 독립 국가이다. 그러므로 북한지역에 대해서는 해외정보 이상의 모든 정보를 수집해야 한다.

정보분석 업무

정보수집은 정보분석을 하여 정보를 생산하는 것을 전제로 하는 활동이다. 오늘날 선진국 정보기구와 후진국 정보기구의 능력 차이가 가장 크게 벌어지는 분야가 바로 정보분석 능력이다. 정보 후진국일수록 분석절차는 생략되거나 경시된다. 국정원의 정보분석 업무는 기무사나 검찰, 경찰 등 부문정보기관의 분석업무와는 차원을 달리해야 한다. 왜냐하면 국가중앙정보기구인 국정원은 가용한 모든 정보를 취합하여 종합적인 분석으로 나라 전체가 사용하는 국가정보를 생산해야 하는 기관이기 때문이다. 오늘날 국정원이 비판을 받는다면 가장 커다란 비판을 받아야 할 영역이 바로 정보분석 능력에 대한 것이다. 단적으로 미국 정보공동체는 정보수집, 정보분석, 비밀공작, 방첩공작이라는 정보기구의 4대 임무 가운데 정보분석을 가장 중요한 책무로 간주한다. 리처드 헬름 전 CIA 국장은 정보분석을 정보업무의 핵심이라고 말했다. 정보분석 능력은 정보기구의 힘이고 국력이다.

국정원은 생산한 정보를 수요자에게 배포해야 한다. 아무리 훌륭한 정보를 생산했다고 하더라도 사용되지 않는 정보는 무용지물이다. 국정원이 비판을 받아야 한다면 또 다른 비판은 정보배포에 대한 것이다. 국가와 사회가 민주화되고 개방화될수록 국정원이 하는 일이 국가안보 수호를 위한 것이라는 이유로 옹호해 줄 수만은 없다. 국정원이 뼈를 깎는 아픔으로 노력을 다해야 할 영역이 바로 정보분석과 생산한 정보의 배포에 있음을 직시해야 한다.

그런데 법은 생산한 정보의 배포방법을 정하지 않았다. 배포절차와 대상기관도 정한 바가 없다. 선진정보기구들은 일일 정보보고서, 주간보고서, 월간보고서, 반기보고서, 연간보고서 배포를 당연한 것으로 간주한다. 그뿐만이 아니다. 5년 내외의 중기보고서와 약 10~15년 후의 장기예측 보고서도 생산하고 배포한다.

정보기관이 국민들의 신뢰를 받을 수 있는 방법은 가급적 많은 정보발간물을 만들어 정책부서에 전달하는 것이다. 필요하다면 국민들에게 제공해야 한다. CIA 콜비 전 국장이 '정보일일신문'을 그렇게 소중하게 생각했던 것은 일반시민과의 정보소통이 국가안보 수호의 강력한 후원세력인 것을 너무나도 잘 알기 때문이었다.

한편 오늘날의 정보환경은 수요자 중심의 정보문화이다. 바꾸어 말하면 수요자가 필요하지 않은 정보를 생산하는 것은 불필요한 낭비이다. 수요자가 필요한 정보가 생산되기 위해서는 수요자의 요구를 알아야 한다. 수요자의 요구는 단적으로 정보기구에 대한 정보요청으로 나타난다. 이것이 소위 정보채널이다. 그러므로 국정원이 국가의 정보기구가 되기 위해서는 외교통상부, 통일부, 국방부, 법무부, 복지부, 교육부 등 정보수요가 있는 행정부처가 국정원에 어렵지 않게 정보를 요청할 수 있는 채널이 구축되어야 한다. 그리고 국정원은 생산한 정보를 적시에 제공하는 자동 전달 시스템을 갖추어야 한다.

제2호(보안업무)

보안업무는 단적으로 비밀을 지키는 업무이다. 오늘날에도 '보안(保安)'이라는 용어를 뒤집으면 '안보(安保)'가 된다면서 보안의 중요성이 강조된다. 그러나 보안은 결코 그 자체가 목적이 아니다. 과학기술의 눈부신 발전은 결코 지키려는 자세로 국가 비밀을 지킬 수 있는 것이 아님을 보여준다. 또한 정보 역사적으로도 그렇게 감추고 지키려고 애썼던 많은 내용들이 상당 부분 정보기구의 추문을 감추기 위한 것임도 말해 주었다. 소비에트 공화국의 패망을 가져온 그 유명한 페어웰 사건이 보여주지만 오히려 느슨한 보안이나 헝클어진 보안이 더욱 유용하기도 하다.

원래 보안업무는 방첩활동의 소극적 일환이다. 그러나 간첩을 잡고 스파이를 상대하는 활동을 의미하는 방첩은 적극적이고 능동적인 방첩공작이 최선이다. 이에 미국을 비롯한 선진국에서는 투자하는 인원·시간·비용에 대비한 효과를 산출해 볼 때 지키기만 하는 보안을 높게 보지 않는다.

따라서 보안업무를 국가정보기구의 주된 임무 중에서 배제하고 제3의 기관에 일임하자는 방향으로 논의가 전개되고 있다. 즉 보안

업무가 비밀을 활용하기 위하여서가 아니라 오히려 '비밀로 지키기 위하여 비밀을 생산'하고 있다는 결정적인 비판이 있다. 또한 어떠한 형식이든 보안업무는 다른 기관에 대한 부당한 간섭으로 남용되고 있다는 지적이 있다. 그리고 엄청난 노력을 다하여 지킨다는 비밀의 내용을 엄밀히 따져 보면, '상대세력도 그들이 비용과 노력을 들여 파악하려고 할 만한 가치가 있는 것일까?'라는 관점에서 많은 비판이 제기된다. 따라서 국가보안 업무는 외형적으로는 매우 열심히 정보업무를 수행하는 것처럼 보이지만, 방첩으로서의 효율은 크지 않다는 평가가 따른다. 정보기관의 노력과 역량을 오히려 기망과 역(逆)기망을 포함한 적극적 방첩활동 등 다른 정보활동에 투입해야 한다는 것이 논의의 핵심이다.

제3호, 제4호(수사업무), 국정원 수사권

국정원은 수사권을 가진 정보기구이다. 그런데 국정원의 수사권은 국정원 비판의 단골메뉴이다. 비판의 결론은 국정원에서 수사권을 떼어내라는 것이다. 비판론자들은 국정원이 수사권을 가지고 있기 때문에 무소불위의 권력기구라고 주장한다. 과연 수사권을 떼어내는 것이 국정원 개혁의 핵심일까? 국정원의 수사권은 어떤 범죄에 대한 것일까? 국정원의 수사권 때문에 불편함을 당하는 사람들은 누구일까? 단적으로 우리의 안보환경에서 국정원이 수사권을 갖는 것이 필요할까, 그렇지 않을까?

국정원의 수사권은 7가지 범죄유형에 대한 것이다. 형법의 내란죄와 외환죄, 군형법의 반란죄, 암호부정사용죄, 군사기밀보호법 위반죄, 국가보안법 위반죄, 국가정보원 직원의 직무범죄이다. 국정원 직원의 직무범죄를 제외한 6가지 범죄자를 '정보사범'이라고 하고, 정보사범에 대한 수사를 대공수사라고 한다.

이처럼 국정원은 대공수사와 직원의 직무범죄 2가지에 대해서만 수사권을 가지고 있다. 대공수사권을 검찰이나 경찰 같은 일반 범죄 수사기관에 맡길 것인가, 대공정보를 담당하는 정보기구에 맡길 것인가는 전적으로 대공사범의 지원자나 후원자 그리고 후원국가의 성격에 달렸다고 할 수 있다. 단적으로 개별국가의 안보환경에 달린 문제이다. 소위 간첩과의 싸움인 대공수사권이 권력의 원천은 아니다. 대공수사권은 국가의 암적인 존재와 암흑세계에서의 끝없는 싸움으로 결코 빛나는 업무가 아니다.

그러나 대공수사는 단 한 번의 잘못으로 국가안보에 치명상을 입을 수 있는 활동이다. 대한민국의 경우에 대공사범들의 가장 강력한 후원자는 북한이다. 대공사범은 직접적이거나 간접적으로 모두 북한과 연결된다. 따라서 통일 후 약 10년이나 15년까지는 국정원이 대공수사도 함께 담당하는 것이 안보환경에 비추어 당연하다고 판단된다.

대공수사는 첨단 수사과학장비, 상대세력 등에 대한 전문지식을 갖춘 정예화된 정보수사요원이 담당해야 한다. 국내외 정보를 종합적으로 지원하는 긴밀한 첩보망이 필요하다. 또한 스파이 관리를 위해 고도의 보안이 요구되는 영역이다. 거기에 더하여 대공수사로 획득한 대공정보를 체계적으로 분석하여 추가 공세에 대비해야 한다.

단적으로 대공수사는 이중스파이, 삼중스파이 등 상상을 불허하는 휴민트 전쟁을 벌이는 영역이다. 북한은 필경 국가안전보위부와 정찰총국을 내세워 우리의 대공수사에 많은 혼선을 초래한다. 세계 최강의 대공사범이 엄연하게 암약하는 우리의 안보환경에서는 검찰이나 경찰의 일반 수사력으로는 도저히 감당할 수 없는 영역이다.

Dirty Business, 정보요원의 윤리성

어느 나라나 정보요원은 그 나라 최고의 애국자이다. 공산주의 국가라고 하여 하등 다를 것이 없다. 애국자 가운데 선발된 정보요원은 독특한 방법으로 그들의 애국심을 나라를 위해서 봉사한다. 정보요원들은 자신의 손에 피를 묻히는 방법으로 국가를 수호하고 일반시민들의 자유를 지키는 일을 한다. 이에 정보요원들은 불가피한 이중

인격성을 요청당한다. 선발은 가장 정직하고 모범적이고 반듯한 애국자 가운데서 한다. 하지만 그들은 특이한 방법으로 일할 것을 주문받는다.

그들은 진실을 알 수 없는 음침하고 음산하며 음모가 난무하는 현장에서 미행, 감시, 간계, 협박, 암살, 도청 등 소위 더러운 일을 담당한다. 자신의 손에 피를 묻힘으로써 국민의 자유와 안전을 수호하는 것이다. 이러한 정보요원의 윤리에 대한 이해 없이 국정원에 대한 온전한 이해를 할 수 없다. 국민들의 각별한 애정이 필요한 사람들이다.

제5호(정보 및 보안업무의 기획·조정)

국정원은 정보와 보안업무에 대한 기획·조정권한이 있다. 기획·조정권의 전신은 조정·감독권이다. 권위성을 탈색하고 부당한 간섭을 방지하기 위하여 조정·감독 업무가 '기획·조정' 임무로 변경되었다.

기획(planning)은 어떤 일을 도모하여 체계적으로 계획하는 것이다. 국정원은 국가의 전체적인 상황을 종합적으로 판단하여 중복은 회피하고, 필요한 업무는 발굴하고, 업무를 획정하고, 업무우선순위를 설정하는 등으로 정보기구 상호간의 업무를 체계적으로 계획하여 타 정보기관에게 지침을 시달할 책무가 있다. 조정(coordinating)은 어떤 일을 미리 설정한 기준이나 현실에 맞게 우선 순서를 정리하는 것이다. 정보와 보안업무를 수행하는 국가기관들 사이에도 업무분장 등과 관련하여 이해의 충돌이 있을 수 있다. 이 경우에 국정원이 중재자로서 개별기관의 임무를 설정해 준다.

이처럼 정보와 보안업무의 기획과 조정은 불필요한 경쟁을 지양하고, 중복활동으로 인한 예산낭비를 방지하며 업무의 통일성과 효율성을 도모하려는 것이다. 개별판단을 넘어서서 국가수준에서 판단하려는 목적도 있다. 또한 정보공유를 달성하려는 취지도 있다. 그러므로 국가정보원의 기획·조정 임무는 권한임과 동시에 의무적 성격을 함께 가지고 있는 이중적 성격의 임무이다.

국가정보기구의 헌법기관성

국가정보기구는 헌법기관일까 아니면 단순한 일반 행정부처의 하나일까? 국가정보기구의 헌법 기관성은 국가안보법에서 논의되는 쟁점이다. 사실 현행 헌법상 어디에도 국가정보기구에 대한 근거가 없고 정보에 대한 언급도 없으므로 국가정보기구는 헌법기구가 아니라는 견해도 있다.

결론적으로 국가정보기구의 헌법기관성은 부인하기 어렵다. 사실 국가정보기구가 '헌법기관'이 아니라는 주장은 정보업무에 대한 부정적인 인식을 반영한 결과이다. 국가정보는 불가결한 '헌법기관인 대통령'이 헌법이 부여한 임무를 차질 없이 수행할 수 있도록 지원한다. 그러므로 국정원의 내재적 헌법 기관성을 부인할 수 없다.

현실적으로도 국가정보에 대한 헌법가치를 부정한다면 그것은 국가원수이자 행정권의 수반이며, 국군 통수권자이며, 대한민국을 대표하며, 국가안보를 확립하고, 국가이익을 수호하는 헌법상의 임무를 수행하여야 하는 대통령으로 하여금 마치 주소 없이 목적지를 찾아가라고 주문하는 것과 다름없다고 할 수 있다. 결국 오늘날 외국의 대다수 정보학자가 인정하는 바와 같이 국가정보의 기본 업무는 헌법 합치적이며 헌법 요청인 것이다. 이처럼 국가정보기구는 헌법상의 기본 가치를 수행하기 위한 실질적이며 긍정적인 헌법가치 임무 수행 기관이다. 따라서 국정원은 실질적인 헌법 내재적 헌법기구라고 할 것이다.

5부

국가정보원의 혁신적 발전

1장

국가정보에 대한 올바른 인식

먼저 제대로 알아야!

국가정보 체계는 주권국가의 촉수신경이다. 신체에 비유한다면 눈과 귀이다. 눈과 귀도 자연적인 노후를 막을 수 없다. 관리하지 않으면 눈과 귀에도 이상이 생기기 마련이다. 당연히 국가정보 체계에 대한 중단 없는 점검은 필요하다. 그 지향점은 명백하다. 현재의 정보체계가 글로벌 무한경쟁의 환경에 잘 대처할 수 있는지의 여부이다.

국정원이 변화하는 국제정보환경에서 국가발전에 지속적으로 봉사할 수 있도록 해야 함은 당연한 일이다. 그것은 국정원이 정권의 정보기구가 아니라 국가의 정보기구 그리고 국민의 정보기구가 되도록 하는 것을 의미한다.

이를 위해서는 먼저 정보와 정보기구에 대해 바르게 인식해야 한다. 정보기구와 정보에 대한 올바른 인식 없이 혁신이나 개혁 논의가 제대로 이루어질 수 없다. 과거의 일부 잘못된 정보활동 사례를 가지고 정보기구를 재단하려는 고정적인 사고로는 다람쥐 쳇바퀴처럼 정치논쟁만 유발할 뿐이다. 과거 지향적인 사고로는 국내정보와 해외정보는 분리하고, 수사권은 검찰이나 경찰에 이관하고 심지어 정보기구를 폐지해야 한다는 주장만 반복하게 된다. 폐지·분리·이관은 오늘날에도 국정원에 대한 끝없는 불만을 표출하는 세력들의 단골 주장 메뉴이다.

정보기구의 개혁과 발전을 논의함에 있어서 극단적인 존폐 문제로 치닫는 것은 소모적이고 무의미한 일이다. 정보기구 폐지 주장은 "나는 대한민국이 필요 없습니다"라는 말과 같은 말이다. 국가정보 없는 국가운영은 상상할 수 없는 일이다.

두 번째로 정보기구의 잘못에 대한 인식의 전환이다. 통상 정보기구의 개혁과 발전을 논의함에 있어서 모든 잘못은 정보기구에 있는 것으로 전제하는 것이 상례이다. 그러나 이것은 잘못이다. 정보기구의 권한남용과 월권 등 잘못의 대부분은 오히려 정책담당자들이나 정치권의 정보에 대한 이해부족에 기인한다.

국가정보활동의 올바른 방향성

정보기구가 할 수 있는 일은 참으로 많다. 정보기구는 그 어떤 행정부처보다도 균질적인 애국심과 충성심으로 뭉쳐 있는 조직이다. 또한 많은 정보를 가지고 있다. 조직원들의 역량이나 수준도 최고이다. 정형이 없는 그리고 극한의 업무도 경험했다. 따라서 정보기구는 맡겨 주면 못할 일이 없는 조직이다.

범죄수사는 말할 것도 없다. 외교·통상, 보건·복지, 환경, 문화·예술, 국방업무에 이르기까지 세계 최신 조류를 이해하면서 업무를 수행할 능력은 충분하다. 이것이 후진국가의 최고 통수권자가 정보통치의 매력에 빠지는 이유이다.

그러나 정보기구는 본질적으로 국가안보 수호에 매진해야 하는 국가 공조직이다. 따라서 많은 역량에도 불구하고 대한민국 그 자체를 외부세력의 끝없는 위협에서 지켜 주는 것이 최고의 목표이다. 따라서 국정원이 견지해야 할 올바른 방향성은 명백해진다. 먼저 전통적 군사안보에 대한 지속적인 정보활동이다. 다음으로 정보 신(新) 영역에 대한 정보활동의 강화이다. 마지막으로 통일의 새벽을 열고 통일을 맞는 역할이다.

글로벌 안보환경

국제안보환경은 냉전 이후 급변했다. 새로운 2000년 시대를 맞아서 인류는 세 번째의 천년 시대로 접어들었었다. 인류역사에서 첫 번째 밀레니엄은 종교의 시대였다. 두 번째 밀레니엄은 과학의 시대였다. 세 번째 밀레니엄인 2000년대에 대해 인류는 희망과 꿈이 부풀어 있었다. 그런데 인류는 2001년을 '테러'로 시작했다. 9.11테러와 탄저균 테러 등 사상 초유의 테러들은 새 천년의 시작을 테러로 얼룩지게 했다.

21세기에 들어서자마자 9.11테러 공격의 전조(前兆)로 2000년 10월 12일 폭탄을 가득 실은 소형 보트를 예멘 항에 정착 중이던 미국 구축함 코울(Cole)에 충격시켜 17명의 목숨을 앗아간 전대미문의 소형함정 자살 테러 공격이 발생했다. 약 3,000명의 목숨을 앗아간 9.11테러 공격이 연이어졌다. 2005년 7월 7일 52명이 사망하고 700명이 부상당한 런던 시내 한복판 지하철과 버스에서의 자살폭탄 테러가 발생했다. 2005년 8월 23일에는 국제 핵무기기술 지원 비밀조직인 칸(Khan) 네트워크도 적발되었다. 파키스탄 핵무기 개발의 아버지로 불리는 칸 박사가 운용하는 그 조직은 북한과도 연결된 것으로 판명되었다. 2007년 4월 27일부터 약 3주간 국가기간시설에 대한 사이버공격으로 국가기능이 마비되고 결국 미국에 의뢰할 수 밖에 없었던 에스토니아에 대한 사이버 공격도 있었다. 지구는 정신 없는 새로운 국가안보 위협환경에 당면한 것이다.

그것뿐만이 아니다. 영연방 5개 국가 합동의 전자적 지구감시 시스템인 애슐런 체계와 그에 맞선 프랑스의 프렌체론 감시체계가 지구를 맴돈다. 유학생도 활용하는 중국의 인해전술식 경제간첩 활동, 컴퓨터 해킹과 신호정보 기법으로 사이버 세계에서의 정찰위성을 구축하고 지구 경제세계의 새로운 미래를 엿본 것으로 평가받는 독일 연방수사국의 라합 프로그램처럼 글로벌 안보전선에는 상상할 수 없는 경쟁 환경이 조성되었다.

1991년 냉전시대의 종료와 함께 국가정보 수요는 하향곡선을 그릴 것이라는 기대는 보기 좋게 빗나갔다. 주권국가뿐만이 아니라 개인, 다국적 기업, 국제기구와 단체 등이 새로운 안보위협주체로 급부상함으로써 냉전시대와는 질적·양적으로 성격을 달리하는 새로운 정보수요가 줄을 잇는다.

우리의 국가안보 환경

인류 역사적으로는 공산주의와 자유주의의 치열했던 대립은 1989년의 베를린 장벽의 붕괴와 1991년 소비에트 공화국의 분열로 자유주의의 승리로 끝났다. 그런데 우리의 경우는 아직 공산주의와 자유주의의 전쟁이 끝나지 않았다. 독재체제의 보신용으로 공산주의를 고집하는 북한 노동당정권이 강력한 위협으로 존재한다. 대한민국은 전 세계에서 유일한 분단국가이다. 그것도 이념의 극한 대립 속에서 재래식 무기로 중무장한 북한과 대치하는 세계의 화약고이다. 따라서 우리는 이념을 달리하는 북한과 직접적으로 대척하고 있는 가장 엄중한 안보 현실에 처해 있다. 그뿐만이 아니다. 현재는 직접적인 대척 국가는 아니지만 공산주의 이념과 중화주의 사상을 버리지 않는 중국과 이웃하고 있다. 자위대라고 말하지만 언제나 공격용으로 전환할 수 있는 막강한 군사력을 가지고 있는 일본도 경계해야 한다.

영토위협은 최우선의 국가안보 문제이다. 불안전한 영토 상태는 외국인의 교류와 외국자본의 투자를 꺼리게 하는 국가발전의 저해요소이다. 그러므로 국정원의 제1의 정보업무는 군사안보 분야에 대한 변함없는 역할이다. 여기에 또한 국정원이 최소한 통일의 그날까지 보안사범에 대한 수사권을 가지고 간첩세력, 공산주의세력 등 국가전복세력의 척결에 앞장서야 하는 이유이다.

다음으로 정보의 새로운 영역에 대한 국가정보 활동의 관심 전환은 오래된 눈과 귀를 관리하는 것과 같다. 1991년 소련이 붕괴되고 도래한 탈냉전 이후에 국가안보 쟁점은 변했다. 국가안보 쟁점은 경제, 환경, 보건, 국제범죄조직, 국제테러조직, 마약문제 등으로 다양해졌다. 국가안보 목표의 다양화는 당연히 국정원에게도 새로운 역할을 주문한다. 테러문제만 보더라도 지금까지 한국은 테러 청정지역으로 간주되어 왔다. 그러나 우리는 미국과 군사동맹을 맺은 우방이다. 그러므로 미국과 우방인 우리는 언제 어떤 이유로 국제테러조직의 목표가 될지 알 수 없는 일이다.

한편 사이버 안보는 오늘날 매우 위험한 영역이다. 사이버공격은 가장 저렴한 방법으로 단기간에 극대의 피해를 야기할 수 있는 공격수단이다. 우리 도처에는 소위 제2,제3의 세월호 참사 가능성이 널려 있는 것이다. 경제정보 역시 한 국가를 멸망에까지 이르게 할 수 있는 국가안보 위협 요소로 지적된다. 그러므로 꾸준하게 과학기술정보와 경제정보를 파악하는 것은 글로벌 무한경쟁 시대에 필수적이다. 따라서 국정원은 사기업과 법 집행기구의 힘만으로는 대처가 불가능한 국내에서의 외국 정보기구들에 의한 경제스파이를 저지하는 방첩활동을 전개하고, 해외에서는 외국의 무기정보를 비롯한 최첨단 경제정보를 획득하는 경제스파이 활동을 수행해야 한다. 이것은 기술유출을 방지한다는 저차원적인 산업정보활동과는 성격을 달리하는 국가발전에 직결되는 활동이다.

더 나아가 한반도 주변에서의 환경오염 문제, 즉 산업폐기물 투하와 러시아 핵발전소 등에서의 핵 물질의 누출 및 폐기물 투기에 대해서도 면밀한 감시와 함께 일단 유사시에는 국제사회에의 호소 등이 필요한 문제가 될 수도 있다.

그러므로 국정원은 최선을 다하여 중국과 러시아, 일본, 동남아 그리고 미국을 비롯한 주변국가와 경제, 사회, 문화에서의 잠재적 경쟁국들에 대하여 그들이 한국에 대하여 어떠한 국가안보 정책을 가지고 있는지 그 의도와 능력의 가장 핵심적인 부분을 파악하여야 한다. 그렇게 파악된 정보를 바탕으로 국제정치 상황에 합당한 우리의 국방정책, 외교정책, 경제정책, 환경정책 그리고 문화정책을 수립하여 국가안보를 공고히 하고 국가이익을 극대화해야 할 것이다.

국가안보와 국가이익의 복합성

그런데 이러한 안보쟁점들은 분리된 별개의 문제점들이 아니다. 서로 연동되고 공격할 때는 함께 동원되는 수단들이다. 오늘날 국제테러조직은 어떻게든 목표국가의 빈틈을 찾아서 물리적 테러공격, 다양한 사이버공격, 경제혼란을 동시에 획책한다. 그뿐이 아니다. 그들 개별 공격의 효과도 서로 연관적이다.

단적으로 2001년 9.11 테러공격의 결과가 잘 보여준다. 2001년의 9.11 테러공격으로 맨해튼에서만 약 1만 8,000개의 일자리가 없어졌다. 아프가니스탄 전쟁(2001년)과 이라크 전쟁(2003년)을 위해 약 5조 달러를 사용했다. 뉴욕증권거래소는 다음 주 월요일까지 폐장되었다. 덩달아서 런던증시를 비롯한 국제증시도 폐장되었다. 국제시장에서 원유, 가스 값도 폭등하여 우리나라도 많은 경제적 손실을 보았다. 금값도 폭등했다. 물리적 테러공격은 전 세계를 경제적으로 공격한 것이었다.

이처럼 오늘날의 국가안보 위협이나 공격은 일반시민들의 평범한 삶에 대한 협박이고 공격이다. 9.11테러공격은 미국민에게 국가안보의 위중함을 잘 일깨워 주었다. 미국민들은 인권이나 자유는 국가안보가 성립된 바탕 위에서의 가치임을 절감했다. 그래서 CIA와

FBI의 임무 범위는 넓어졌고 권한은 확대되었다. 국가정보와 정보기구에 대한 올바른 이해가 국정원의 미래를 논의하는 출발점이다. 이에 국가안보의 진정한 가치와 이념에 대한 인문학적인 이해가 또한 필요하다.

2장

국가정보체계 혁신의 전반적인 방향

정보실패로 인한 개혁에 대한 미국의 경험

오늘날 이론적으로는 매우 훌륭한 정보체계를 구축한 나라도 적지 않다. 하지만 정보실패를 발전적 채찍으로 받아들이는 변화의 모습은 역시 미국에서 찾아볼 수 있다. 미국이 정보기구 혁신의 전범(典範)이 되는 것은 냉전시대를 포함하여 경험할 수 있는 모든 초국가적 안보위협 사태를 직접 겪어 보고 실천적인 대처를 꾸준하게 해 온 거의 유일한 국가라는 점에서이다. 1947년 CIA가 창설된 이래로 미국은 전 세계에서 무수한 공작활동을 수행했다. 그래서 국가정보로 세계역사를 이끌었다는 평가를 받는다. CIA 역사가 미국의 역사라는 말도 있다.

미국은 2001년 9월 11일에는 초유의 테러공격을 당했다. 2003년에는 이라크 대량살상무기에 대한 정보분석의 실패도 있었다. 이에 대대적인 수술 작업에 착수했다. 입법을 포함하여 신속한 대처를 함으로써 또다시 최강의 정보공동체를 구축했다.

정보개혁 및 테러방지법을 제정하여 그동안 CIA 국장이 자동으로 겸직하던 중앙정보국장(DCI)을 대체한 국가정보국장(DNI) 직위를 신설했다. 국가정보국장은 대통령에 대한 최고의 정보보좌관이고 미국 정보공동체의 수장(首長)이다. 미국 정보공동체는 CIA를 비롯하여 16개 정보기구로 구성되어 있다. 국가정보국장은 업무 조정·감독권, 예산배분권, 기관장 임명에 대한 동의권과 의견 개진권을 가지고 16개 정보기구의 정보수집과 생산을 독려하며 통솔한다. 요체는 각 정보기구가 최선을 다해서 경쟁적으로 최선의 첩보를 수집하도록 하고 그를 실시간적으로 국가정보국(ODNI)에 모이게 한 후에, 최고의 국가정보를 생산하여 정책공동체에게 전달하는 것이다. 더불어서 개별 정보기구의 업무수행을 평가하여 정보자산을 배분한다.

국가대테러센터(NCTC)를 창설하여 국가정보국에 배치했다. 물론 CIA, FBI 등 다른 정보기구들도 테러정보 수집과 생산에 열중한다.

국가대테러센터는 개별 정보기구들이 생산한 테러정보를 한곳에 집결시켜 종합적인 국가 테러정보를 생산하여 정책공동체에 제공하는 업무를 수행하는 통솔기구이다. 이민과 세관문제를 포함하여 여러 부처에 산재되어 있는 국토안보 문제를 종합적으로 전담하는 국토안보부도 창설했다. 국방부가 해외에서의 군사 활동으로 국가안보를 책임지고 있는 것에 대비하여 국토안보부는 국토와 국경에서의 안전문제, 즉 국토안보를 책임진다.

창조적 모방을 통한 혁신

정보수집의 3가지 기법인 휴민트, 테킨트, 오신트는 미래에도 여전히 중요하다. 휴민트는 더욱 육성하고 키워야 한다. 오신트의 중요성은 커져만 갈 것이다. 테킨트 분야는 우리의 IT기술을 활용하면 분명 세계최강으로 만들 수도 있을 것이다. 정보기구 혁신은 각국의 안보환경에 즉응하면서도 선진 정보모델을 창조적으로 모방하는 것이다. 혁신의 길라잡이라고 할 수 있는 미국 CIA의 국가비밀부와 국방부 소속의 과학기술 정보기구를 간략히 살펴본다.

CIA 국가비밀부(National Clandestine Service)

CIA는 미국 휴민트의 본산이다. 그중에서 국가비밀부(NCS)가 간첩 활동과 비밀공작을 총괄한다. 미국에서 본격적인 스파이 업무를 수행하는 정보기구는 연방수사국(FBI), 공군정보감시정찰대(AF-ISR), 육군정보부대(INSCOM), 해군정보실(ONI), 해병대 정보부(MCIA) 등이다. CIA 비밀부는 이들 기관의 간첩업무를 조정·감독한다. 국가비밀부의 창설은 두 가지 중요한 의미를 가진다. 첫 번째는 그동안 급격하게 약화된 휴민트의 필요성과 중요성을 재인식하였다는 사실이다. 두 번째는 일선 정보요원들의 사기를 크게 진작시켰다는 사실이다.

정보요원들은 긍지와 사기를 먹고 사는 사람들이다. 휴민트의 성패는 그 사회와 국가의 정보의 중요성에 대한 인식과 정보요원에 대한 애착에 달려 있다. 예컨대 현대 문명의 이기인 휴대전화나 팩스 또는 인터넷을 사용하지 않는 알카에다 테러조직에 침투하려면 충성심을 증명하기 위해 손가락을 잘라서 충성 서약서를 제출하거나, 심지어 민간인 겁탈이나 살인 같은 불법행위도 마다하지 않아야 한다. 조직에 침투했다고 하더라도 적발은 시간문제일 수 있다. 적발 후의 상상할 수 없는 고문과 생명의 위험을 무릅쓸 경우에만 조직에 침투할 수 있다. 국가비밀부의 창설은 국가안보국(NSA)이나 국가지구공간정보국(NGA)의 창설에 비견될 정도로 그 중요성이 높이 평가된다.

국가안보국(National Security Agency)

국가안보국(NSA)은 국방부 산하의 신호정보기구이다. 미국 정보공동체에서 가장 방대한 조직과 예산을 사용하는 정보기구이다. 국가안보국의 컴퓨터망 조직은 지구상에서 가장 뛰어난 체계와 능력을 가졌고 컴퓨터에 의한 대량 데이터 수집능력은 상상을 초월한다고 한다. 국가안보국은 매일 지구상의 수억 통의 전자통신을 자동으로 감청한다. 유·무선 통화, 이메일, 팩스, SNS가 모두 포함된다. 자동 감청된 자료는 데이터베이스화 된다. 음어를 사용한 것으로 의심되는 통신은 더 세밀한 분석 장치로 자동 이동시킨다. 국가안보국은 정보를 가지고 자체적인 공작활동을 하지는 않는다. CIA나 FBI 등 다른 정보기관에 정보를 제공하는 지원 역할을 한다.

수년 동안 존재 자체가 비밀로 분류되어 있던 국가안보국은 '그런 기관은 없다(NSA: No Such Agency)' 또는 '입에 담지 말아라(NSA: Never Say Anything)'의 약어로도 알려졌다. 업무의 속성상 암호연구는 필수적이다. 그 결과 암호제작과 해독에서도 세계 최고 수준이다.

국가안보국에는 군인과 민간인이 함께 근무하는데 현재 직원은 약 3만 명으로 추정된다. 국가안보국의 인적자원을 보면 오늘날 정보요원이란 어떤 사람들인가를 알 수 있다. 많은 사람들은 정보요원들은 단단한 체력과 무술로 무장하고 특수 장비를 사용하며 임기웅

변과 기망술에도 능한, 예컨대 007을 모델로 생각하기 쉽다.

그러나 국가안보국 직원들은 다양한 학문분야에서 가장 높은 학문적 성취를 이룬 뛰어난 재능을 가진 학자나 연구원들이다. 단일기관으로써는 세계에서 가장 많은 1만 명이 넘는 수학자를 보유한 것으로 알려져 있다. 역사학자, 물리학자, 화학자, 암호전문가, 분석전문가, 언어학자, 컴퓨터 과학자와 기술자 등으로 구성된 인적자원은 수적인 면에서나 질적인 면에서 해당 분야 중 최강이라고 알려져 있다.

조직에 대한 모든 것이 비밀로 분류되어 있고 출입구도 일방통행의 폐쇄 도로로 국가안보국으로 통하는 길은 직원 전용의 외길이다. 그러나 철통같은 조직의 규모를 엿볼 수 있는 단서가 2개 있었다. 하나는 전력회사에서 유출된 약 3,100만 달러에 달하는 전력사용 영수증이었다. 다른 하나는 구글 등 상업용 위성에서 포착된 약 1만 8,000개의 주차 시설이었다. 이 두 가지 전력 사용량과 주차장 규모를 단서로 하여 국가안보국 규모에 대한 개략적인 계산이 있었다고 한다.

오늘날 국가안보국은 미국의 국책연구기관으로 미래 미국의 초석이라는 평가를 받고 있다. 정보기구로 탄생하여 오늘날도 정보기구로 기능하고 있지만, 국가안보국은 다양한 분야에서의 실천적인 연구를 바탕으로 세계 과학기술을 주도함으로써 국가발전의 원동력이라는 평가를 받고 있다. 물론 그 업무성격으로 인하여 불법도청 등의 문제로 법적 분쟁에 연루되기도 한다. 그러나 국가안보국은 21세기 국가정보기구의 새로운 역할을 논의할 때 국가발전의 원동력인 국책연구기관의 좋은 본보기를 보여 주고 있다.

국가지구공간정보국(National Geospatial-Intelligence Agency)

국가지구공간정보국(NGA)은 다양한 각도에서 접근하여 지구의 지질학적 정보를 생산하는 정보기구이다. 'Geospatial'은 '공간창조'의 신조어이다. 전투에서 전장을 손금 보듯이 알 수 있으면 다양한 작전을 전개하고 효과적으로 방어할 수 있을 것이다. 국가지구공간정보국은 전투지역에 대한 시의성과 정확성을 갖춘 생생한 정보를 제공함으로써 전쟁을 유리하게 이끌도록 하는 기능을 수행하기 위해 탄생한 것이다.

'현재와 다음 그리고 다음의 다음(Now, Next and After Next)'에 대한 정보까지 생산함을 목표로 한다. 그곳에는 지도전문가, 화상분석가, 물리학자, 화학자, 기후학자, 측지전문가, 컴퓨터와 원거리 통신 기술자, 사진 측량 전문가들이 근무한다. 정보요원들의 또 다른 모습인 것이다. 국가지구공간정보국의 비전은 "지구를 알고, 길을 인도

하라(Know the Earth, Show the Way).”이다.

2001년 9.11테러공격 이후 뉴욕 세계무역센터 사고현장에 대한 면밀한 조사와 분석으로 파괴의 범위와 인근 주변지의 지질학적 변화와의 역학관계, 대기환경변화 등을 정밀하게 계산하여 복구에 대비토록 한 것이 좋은 활동 사례이다. 또한 2005년 1,577명의 인명손실을 초래한 허리케인 카트리나에 대한 피해복구 노력을 지원하기 위해 피해지역의 규모와 미래의 지질학적 경과를 당국에 제공하였고, 향후 도시 재설계에 대비하여 예상되는 지형변화 정보를 생산했다.

국가정찰실(National Reconnaissance Office : NRO)

국가정찰실(NRO)은 영상정보를 전문으로 하는 국가정보기구이다. 국가안보국이 '지구의 귀'라고 한다면 국가정찰실은 '지구의 눈'이라고 할 수 있다. 미국은 국가정찰실이 수집한 영상자료를 '국가기술자산'으로 분류하여 비밀로 관리하고 있다. 국가정찰실은 군이나 CIA가 운영하는 스파이 위성을 총괄한다. 항공자료도 함께 분석한다. 필연적으로 다른 정보기구들과 긴밀히 협조한다. 전 세계에 다수의 지상 기지국을 운용한다. 국가정찰실이 생산하는 정보에 대한 소비층은 다양하다. 전투부대 지휘관을 비롯하여 국방부, 국무부,

상무부, 법무부 정책 담당자들이 주된 수요자들이다.

국가정찰실의 실제 활동 사례를 보면 기능에 대한 이해가 조금은 쉬울 수 있다. 미국은 국가정찰실을 통하여 냉전시대 소련과의 무기 경쟁에서 소련의 위장전술에도 불구하고 소련 미사일 개수를 정확하게 판독했다. 그 결과 그동안 소비에트 공화국에 비하여 미사일이 심각하게 열세라는 일부 언론의 주장을 불식해 주었고, 전 세계 민주주의 국가의 전쟁위기 불안감을 해소해 주었다.

국가정찰실은 세계 도처의 산악지대나 해양에서 벌어지는 무기선적 등 무기이동 상황을 정확히 포착하여 재래식 무기와 대량살상 무기의 이동을 국제적으로 이슈화하여 각종 국제조약을 탄생하게 하였다. 또한 2003년 이라크 전쟁 당시 이라크 군의 병력 배치상황을 지휘관들에게 실시간적으로 제공해 줌으로써 단기간에 승리로 이끌게도 하였다. 평시에는 위성자료를 통해 적대세력의 잠재적 군사공격 가능성을 사전에 파악하고, 대량살상무기의 전개와 이동을 감시하고, 테러분자들의 활동을 추적하고, 세계 각국의 군축합의와 국제조약에 따른 의무를 잘 이행하고 있는지를 점검한다.

현재 미국 국가정찰실은 관측과 탐지기술이 어디까지 이르렀는지 짐작하는 것도 어려울 정도로 예측을 불허할 탐지능력을 갖춘 것으로 알려져 있다. 21세기는 우주의 세계라고 불릴 정도로 우주는 그 중요성을 더하고 있다. 그러나 현재 미국을 제외한 그 어느 나라도 우주에서 전 지구를, 그것도 다양한 각도에서 효능과 능력을 달리하는 장비를 총체적으로 동원하여 관찰 및 정찰하고 감시하며 국가정책에 응용하여 국가정보를 생산할 수 있는 역량을 가진 국가는 없다고 평가된다. 그럼에도 미국은 우주에 대한 투자를 게을리 하지 않으면서 신 공간개척에 대한 노력을 다하고 있다. 그것은 국가정보를 통해 국가안보를 수호하고, 든든한 바탕위에서 새로운 국가발전을 끝없이 추구하는 국가발전 모델을 보여주는 것이다.

3장

대한민국 정보공동체의 제도적 개혁

국정원을 세계 최강으로

국가정보기구의 궁극적인 발전과 혁신을 위해서는 인식의 개혁만으로는 부족하다. 제도적으로 조치하고 방비할 수 있는 부분에 대하여는 시스템을 구축하여 놓음으로써 인적변동이나 정권의 변동과 무관하게 조직이 시스템적으로 작동되도록 제도적 장치를 갖추는 것이 중요하다.

국가정보 발전을 위해서는 정보실패를 솔직히 인정하고 인식하는 것도 중요하다. 정보실패는 정보기구가 위협요소를 제대로 예측하거나 판단하지 못하여, 국가안보에 위협을 초래하거나 국가이익에 손해를 가져오는 정보 과정상의 제반 잘못이다. 단적으로 정보기구가 상황을 오판하여 대처를 못하거나 부적절하게 대처하게 하는 것이다. 하지만 정보실패를 또 한 번의 과거 경험으로 받아들여서는 의미가 없다. 미국은 정보실패를 정보공동체의 발전적 계기로 삼았다. 형사책임이나 정치적 책임을 물어 직위를 해제하는 것 같은 일은 하지 않는다.

예컨대 2006년 10월의 북한 핵무기개발 성공은 우리의 정보실패였다. 2006년의 북한 핵실험에 대한 국제사회의 반응과 경제충격은 대단했다. 핵실험 후 한국의 종합주가지수는 2.4% 떨어졌고 외환거래가 5분간 중단되었다. UN 안전보장이사회도 즉시 논의했다. 안전보장이사회는 한반도를 포함한 북동 아시아 지역과 전 세계의 위험에 심각한 우려를 표명하며 2006년 10월 14일 북한에 대한 경제적 제재 결의안을 만장일치로 채택했다.

정보실패는 계속되었다. 우리의 소망과는 달리 2008년 12월 11일 게이츠 국방장관은 북한이 이미 여러 개의 핵폭탄을 제조했다고 밝혔다. 북한의 핵은 그 자체로 동북아는 물론이고 세계 평화와 안전에 대한 협박이다. 그러나 북한 핵의 더 커다란 문제는 독재국가 북한은 핵무기 사용에 대한 통제절차가 없다는 것이다. 30대 김정은 1인의 독단적인 판단으로 세계가 핵전쟁에 빠질 수 있다는 것은 정말 큰 문제가 아닐 수 없는 것이다.

미국 국가정보위원회(NIC)는 북한 핵은 2030년도까지 지속될 문제라고 예견한다. 이러한 중차대한 정보실패에 대한 반성에서 정보공동체의 개혁과 변화 문제가 제기된다. 실패를 인식하지 못하면 반성과 대책은 있을 수 없기 때문에 채찍을 받을 만한 사안에 대한 실패를 인식하는 것이 선행되어야 할 일이다.

최고의 실천적 국책 연구기관

정보는 수집이 아니라 분석되어 최종적으로 정보 생산물로 나타나야 그 효용을 발휘할 수 있다. 오늘날 선진 정보기구들은 정보수집 활동보다 분석업무에 역량을 집중하고 전문성을 확보하려고 노력하고 있다. 현대 국가정보기구는 최고의 실천적 국책연구기관을 지향한다는 점에서 정보분석 업무의 강화와 전문성을 갖춘 정보 분석관의 확보는 향후 정보기구의 성패를 좌우하는 요체라고 할 수 있다.

정보요구와 정보공유 체계의 구축

어느 나라건 복수 이상의 정보기구가 존재하는 경우에 각 정보기구가 생산하는 정보의 공유는 말할 것도 없고, 첩보의 공유는 최고의 국가정보를 생산하기 위해 중요한 과제이다. 정보공유의 확실성을 법으로 담보할 필요도 있다. 더불어서 정보공동체에 대한 상시적인 정보요구 채널을 구축하는 것도 필요하다. 9.11 최종보고서가 지적한 것처럼 '정보를 알 수 있는 시스템'이 아니라 '정보를 활용할 수 있는 공유 시스템'이 필요하고도 중요한 일이다.

보안의 혁신, 비밀분류 해제의 제도화와 창출 정보배포의 확대

원래 정보를 생산하는 조직이 보안업무까지 함께 하면 아무리 개방적인 마인드를 가졌다고 하는 경우에도 정보의 민주성과 개방성은 확보되기 어렵다. 과학기술의 획기적인 발전은 정보를 지킨다는 수준으로 국가정보의 순수성을 유지하기 어렵게 한다.

또한 비밀로 간직했던 내용 중에는 지나고 보면 국가안보 자체를 뒤흔들 내용의 초특급비밀은 많지 않았음을 정보역사는 보여 주고 있다. CIA가 근 30년 동안 비밀로 보존하고 있다가 2007년 6월 비밀 해제한 1960년대 북한 김일성에 대한 정보보고서도 그렇다. 보고서는 북한정세, 김일성을 포함한 지휘부의 성향과 경쟁관계 및 김일성과 쿠바 카스트로와의 교분, 월남전 파병으로 인한 병력공백을 이용한 비무장지대에서의 기습도발 등을 일반적으로 묘사하는 약 70여 페이지 분량의 서술적인 보고서로 신비스러운 비밀은 존재하지 않았다.

한편 국가정보의 활동실적은 창출한 정보생산물로 평가받게 된다. 정보기구의 결과물인 정보보고서를 생산한다는 것은 전문성을 고양시키면서 업무를 완결한다는 의미와 업무중복을 방지하고, 무엇이 부족했는지를 파악하여 대비하게도 해 준다.

획기적 직원 복지와 민간 정보 영역의 발전 도모

조직원들의 사기진작은 업무의 능률을 높이는 데 매우 중요한 요소이다. 생명을 걸고 일해야 하는 정보요원들에게는 퇴직 이후를 걱정하지 않고 임기 중에 최선을 다해 국가를 위하여 헌신하도록 하는 것이 중요하다. 그 일환의 하나가 민간정보 영역의 발전 도모이다. 한편 어떠한 분야이건 경쟁체계가 갖추어지지 않은 곳에서 실질적인 업무혁신을 기대하기는 어렵다. 국가정보 체계의 발전을 도모하기 위해서는 실무적인 민간정보 영역의 발전은 필수적이다. 미국은 전직 정보업무 종사자들로 구성된 민간정보 연구단체를 장려한다. 비근한 예로 미국 국방부 정보기구들은 2007년 한 해에 민간정보 부문 약 30개의 사업자에게 총 10억 달러 규모의 정보용역사업을 발주했다. 민간정보 부문의 발전은 궁극적인 직원 복지로 연결된다.

국가정보 업무에 대한 검찰 직접 수사의 배제

국가정보업무가 직접적인 수사 대상이 되는 것은 잘못된 일이다. 국가비밀의 보호라는 보안문제 때문이 아니라고 하여도 국가정보의 진실은 암흑세계의 역동성으로 인해서 정보기구 스스로도 알 수 없는 경우가 있다. 물론 개인비리는 일반 수사의 대상이 될 수 있다. 하지만 국가정보기구의 업무 수행상의 잘못은 1차적으로 정보기구 자체조사에 맡겨야 한다. 그다음에 자체조사 결과를 국회 정보위원회에 보고하여 국회 차원의 진상조사가 진행되어야 한다. 국회진상 조사를 마친 이후에 형사고발할 사건은 수사기관에 이첩하여 비로소 형사수사가 진행되도록 하여야 한다. 결코 수사기관이 국가정보 업무에 대해 바로 수사에 착수하는 일은 없어야 한다.

(청와대) 국가정보위원회 신설

다양한 국정 현안이 산재한 오늘날 국정 최고책임자인 대통령이 국가정보 문제에만 전념할 수는 없다. 또한 전문성 등의 문제로 제대로 문제점을 파악하고 적정한 업무지시와 감독을 할 수도 없다. 이에 반하여 국가정보 활동은 때로는 대외관계나 국내 정치적인 문제에 직접적이고 큰 부담으로 작용될 경우가 적지 않다. 이러한 이유 등으로 정보선진국은 정보전문가들로 대통령 자문위원회를 구성하여, 대통령의 정보판단과 수요를 보좌하고 대통령으로부터 직접 위임받은 정보업무를 대행하고 있다. 정보역사는 외부 정보위원회의 판단과 조언을 거치는 것이 정보기구의 민주성과 효율성을 도모하는 데 훨씬 유익하다는 경험을 얻었다. 동일한 이치로 국정원에도 외부 전문가를 주축으로 한 정보자문위원회를 상설적으로 운용하는 것이 필요하다.

국가정보 시스템의 재구축

통일 이전의 모습

상상을 불허할 안보 위협을 제기하는 초국가적 안보위협세력에 대한 가장 중요한 대처는 한발 앞선 정보생산이다. 그를 위해 국가 중추신경 조직인 정보공동체를 재구성하는 것은 그 중요성을 아무리 강조하여도 지나치지 않다. 남북 분단의 현실에서 전 세계 그 어떤 나라보다 대공사범 수요가 많은 우리의 경우에는 통합형 정보기구일 수밖에 없다.

그 중심에 국정원이 위치해야 한다. 따라서 국정원의 해외 및 대북정보 능력은 제고되어야 하고 테러와 사이버공격에 대한 능력은 최고가 되어야 한다. 휴민트 역량, 테킨트 역량 그리고 오신트 역량은 현재보다 훨씬 더 강화되어야 한다. 대공안보 사범에 대한 대처를 위하여 수사권을 분리할 것이 아니라 국정원장 직속의 준 독립기구로 중앙방첩청 창설을 고려해야한다. 방첩청장의 임기는 10년으로 하여 정권교체와 무관하게 대공수사 업무에 전력을 다하도록 할 필요가 있다. 그리고 그 직위를 최종이자 마지막이 되도록 해야 한다. 미국 연방수사국 국장의 임기가 바로 10년이다.

통일 이후의 모습

통일 이후 통일 대한민국이 안정을 찾은 후에는 대공수사권을 이관하고 국정원을 본연의 해외 전문정보기구로 만들 수 있을 것이다. 그때는 북한이 아니라 중국, 일본, 러시아, 유럽연합 등과의 싸움이 더 중요하기 때문이다. 그 경우에 미국 국가정보국(DNI) 체제에서 교훈을 얻을 수 있을 것이다.

과거 CIA 국장이 정보공동체의 통솔자로 기능한 중앙정보국장 체제의 경우에 9.11위원회의 조사 결과 중앙정보국장의 명령은 자신의 직속 집행기구인 CIA 내부에만 메아리쳤다. CIA 국장의 명령은 FBI는 말할 것도 없고 국방부 8개 정보기구에는 전혀 먹히지 않았다. 이런 솔직한 사례는 국정원이 모든 정보기구를 통솔하는 우리에게도 시사하는 바가 크다. 통일 이후에는 미국도 폐기한 중앙정보국장 체제를 혁신할 필요가 있다. 그리고 정보공동체의 진정한 조율사로 한국형 국가정보총장(國家情報總長)의 창설을 고민할 수 있을 것이다. 일각에서는 청와대 내의 정보수석 신설을 말하기도 하지만 청와대 기구는 정권의 한시적인 조직일 뿐으로 해답이 못 된다.

통일 후에는 수사권의 이관과 임무를 기능별로 분산하여 미국 국가안보국이나 영국 정부통신본부(GCHQ) 같은 국가신호정보 전문기구를 창설하는 것도 고려해야한다. 또한 공개출처정보기구(OSINT)의 창설도 고려해야 한다. 분석업무를 대폭 강화하여 정보기구가 최고의 실천적 국책연구기관이 되도록 하고, 비밀분류와 해제를 담당하는 보안 전담기구를 창설하는 방안도 고려해야 한다.

4장

국가정보활동 근거규범의 정리 및 미비점 보완

정보활동 근거법의 현실

근거규범을 체계적으로 정비하는 것은 무엇보다 중요하다. 불명확한 근거규범은 업무 권위와 투명성에도 영향을 미친다. 근거규범의 재정비는 제도개혁의 출발점이고 정보민주화의 시발점이다. 그러므로 국가정보 체계에 대한 대장전(Magna Carta)으로써의 '국가안전보장법(안)'을 제정할 필요가 있다. 현재의 국가정보원법은 임무 근거법이 아니라 누더기 같은 형사처벌법이 되어 버렸다. 요체는 국정원이 '할 만한 일을 제대로 할 수 있게 해 주는 것'이다. 그리고 국정원을 비롯하여 군, 경찰, 검찰, 외교부 등의 정보요소를 망라하여 대한민국 '최고의 국가정보를 생산해 내는 체계를 구축'하도록 입법조치를 하는 일이다.

국가정보체계의 전면적인 재구축이 아니라 국정원의 임무혁신에 머무르는 경우에도 국가정보기구의 4대 임무인 정보수집, 정보분석, 비밀공작, 방첩공작에 대한 확고한 근거를 마련해 주어야 한다. 테러 등 초국가적 안보위협세력에 대한 실천적인 대처 내용을 담은 미국의 정보개혁 및 테러방지법과 애국법, 해외정보감독법(FISA), 영국의 2006년 테러법이 모두 우리가 본받아야 할 국가안보 관련법이다.

정보활동 법률무기의 구축

국가정보의 중요성을 인식한다면 법률로 뒷받침해 주어야 한다. 당장 가장 시급한 것은 통신비밀보호법을 개정하는 일이다. 현재의 통신비밀보호법은 전근대성을 면하지 못한다. 감청은 최장 4개월을 초과하지 못한다. 4개월의 범위 안에서 연장이 가능할 뿐이다. 현행법은 휴대전화가 대량 보급되기 훨씬 전인 1993년 12월 27일 제정된 법이다. 그 결과 주로 고정 전화기를 전제로 한 법이다. 그러나 최첨단 IT 강국을 자랑하는 우리의 휴대전화 보급률은 무려 80%로 세계 1위 수준이다.

물론 법은 영장을 발부받은 합법적인 감청(監聽)을 허가하고 있다. 하지만 법은 통신 사업자(ISP)에게 감청장비 설치의무를 부과하지 않고 있다. 따라서 법원의 감청영장이 있어도 집행을 할 수가 없는 현실이다. 불법감청의 유혹에 빠질 수도 있는 일이다.

2013년 이석기 RO 사건과 2014년 류자강 간첩 사건이 보여주었지만 오늘날 재판절차에서 통신증거는 매우 중요한 자료이다. 북한 정찰총국이나 국가안전보위부는 무법천지의 활동을 하는데, 국정원의 손과 발을 묶어 두고 국가안보 수호의 책무를 다하라고 하는 것은 불가능을 요구하는 일이다. 결국 국정원이 제대로 일하도록 하는 것은 근거법의 명확화이고 정보활동의 국제표준수단을 확보해 주는 것이다. 임무의 법정화는 오해의 소지를 불식시키고 월권이나 인권 침해 논란을 없애 주는 첩경이 된다.

소리 없는 안보전쟁에 필요한 무기들, 국회의원들의 겸허한 숙고!

미국 애국법, 해외정보감독법, 영국 조사권한 규제법, 대테러법 등의 법제 대응은 기가 막히다. 간첩, 대정부전복 등 국가안보사범에 대해서는 특별한 법률무기가 필요하다. 그렇지 않으면 정보현장에서 몸으로 뛰는 애국자들의 정당한 맞대응이 불법으로 처벌받을 수도 있다는 어처구니를 가져온다. 안보선진국들은 가지고 있는데, 전 세계에서 가장 위태로운 안보상황인 우리의 정보수사기구는 정작 가지지 못한 제도가 너무 많다. 물론 그에 따른 부작용이나 월권에 대해서는 감찰감, 외부전문가, 국회통제 등 감독 장치를 구비하면 된다.

자동추적 감청제도

전화번호에 대한 포괄영장을 인정하여, 최초 1회 감청영장으로 지속적인 감청을 허용하는 것이다. 왜냐하면 오늘날 국가안보 혐의자들은 공권력의 추적을 따돌리기 위해 심지어 1~2시간 단위로 휴대폰을 교체하기도 한다. 감청이 특정한 전화번호에 대한 것만 가능하다고 한다면 사실상 감청을 포기하라는 것과 같다.

비밀수색권

일반 형사소송법상의 압수·수색절차를 완화하는 것이다. 비밀수색의 성패는 은밀성에 달려 있다. 만약 자신이 목표가 되어 있음을 알게 되면 활동을 바꾸고 무력화나 서류 변조 등 역공작을 할 것이다. 미국 애국법은 범죄에 대한 합리적인 의심만으로 비밀수색영장을 발부하도록 한다. 일반영장과 달리 당사자에게 영장발부 사실을 알리지도 않는다. 수사개시 사실도 최장 90일까지 통보하지 않아도 된다.

외국인에 대한 구금권

출입국사무소 등 국경에서의 외국인에 대한 포괄적인 구금권도 필요하다. 미국 국토안보부 장관은 적법절차에 의하지 않은 비밀증거를 기초로 안보위해의 의심이 있는 이민자들을 기한 없이 구금할 수 있다. 법리적으로는 범죄증거를 확보하기 어려운 경우에 가장 최선의 방법은 격리수용이기 때문이다.

신속한 몰수제도

국가안보사범 관련자산을 확정판결을 기다리지 않고 신속하게 몰수하는 것이다. 미국 애국법은 테러의심 자산은 유죄판결 전이라도 몰수할 수 있도록 했다. 일반 형법상의 몰수는 형사몰수이지만 테러의심 재산압류나 동결은 민사몰수에 해당하는 것으로 그 정당성이 있다. 또한 범죄의 경제적 기반을 파괴하여 중대범죄를 예방할 수 있다는 필요성도 인정된다.

국가안보 서신제도

미국 애국법의 제도이다. 일반적인 법률지식으로는 기가 막힐 것이지만 국가안보 서신은 단적으로 FBI가 발부하는 서류제출 명령장이다. 단체나 개인에 대하여 그들이 보관하는 각종 기록과 데이터의 제출을 무한정 요구할 수 있는 명령장이다. 행정소환장으로 발령에 상당한 이유를 달 필요도 없다. 사법심사 대상도 아니다. 또한 수령자에 대해서는 발설금지의무가 부과된다. 소환장을 받았다는 사실 자체를 발설하지 말아야 하고 오직 명령대로 자료를 제출해야 한다.

스파이 법원의 창설

미국 해외정보감독법에 의해 창설된 정보업무 감독 특별법원이다. 국가정보와 국가안보 법리에 정통하지 않는 일반법원 판사가 정보업무에 대한 사법통제를 하는 것은 부적절하다. 이에 미국은 국내에서의 해외정보 활동에 대한 영장 등의 발령을 전담할 특별법원으로 해외정보감독법원을 운영한다.

인터넷 모니터링 권한과 암호키 요구권

과학기술 문명의 발달에 따라 인터넷과 암호화 같은 기술적 변화가 초래된 수사와 정보환경을 감안하면 당연히 필요한 제도이다. 정보·수사기관으로 하여금 불법과 탈법의 유혹에서 벗어나 과학기술적 개입기법에 법적근거를 부여하는 것이다. 영국 조사권한 규제법은 단적으로 대영제국의 국가안보와 국가이익을 위해 개인통화에 대한 광범위한 전자적 무한감청과 인터넷 서비스 제공업자(ISP)에 대한 자료 요청권을 인정한다. 통신사업자의 감청설비 장착 의무도 부과한다. 암호키를 요구할 권리도 인정한다. 또한 인터넷 이용 상황을 모니터링할 수 있고, 의심되는 용의자에 대한 인터넷과 이메일을 무한하게 접속할 수 있다.

통제명령권

영국과 캐나다 등 안보선진국에서 초국가적 안보위협세력에 따라 새롭게 등장한 것으로 활동의 자유를 제한하는 행정명령이다. 대표적으로 영국 테러법은 증거가 부족하여 유죄판결을 받기 어려운 테러용의자의 자유를 제한한다. 주된 내용은 용의자의 활동을 가택으로 제한하고, 공항 같은 항공시설이나 철도시설의 방문을 금지하며 매일의 일상을 인근 경찰서에 보고서로 제출하는 것이다. 행정명령으로 용의자의 시민권을 제한한 것이다.

특별 수용시설

쿠바령(領) 관타나모만(灣) 미국 해군기지에 소재하는 감금시설인 관타나모 베이 수용소가 말해주지만 국가안보 사범에 대해서는 특별한 구금시설이 필수적이다. 당연히 변호인의 접견권은 접견의 본질을 침해하지 않는 한도에서 제한되어야 한다는 것이 요청이기도 하다. 그뿐이 아니다. 정보의 세계에서는 공공연한 비밀이지만 특정국가의 관할로 들어와서 각종 법률적인 제약을 벗어나기 위해 감옥선을 운용하기도 했다. 감옥선은 소위 이동하는 관타나모 베이 수용소라고 할 수 있다. 용도는 중대한 안보사범을 적법절차의 준수가 요구되는 주권국가 역내로 이동시키지 않고 영해상에서 이동하면서 범죄정보를 획득하려는 목적이다.

내사 기록, 정치사찰 문제

국가안보사범에 대해서는 사전적인 내사와 감시활동이 불가피하다. 암흑의 세계에서 잠복했다가 언제 움직일지도 모르는데, 그들이 쉽게 수사할 수 있는 범죄행위로 나타날 것을 기대할 수는 없기 때문이다. 물론 미국 연방수사국은 헌법과 법률이 자신들에게 내린 안보수호 권한에 따른 내재적 권한이론으로 소위 파일링을 하고 있지만 그동안 우리 사회의 격렬한 정치논쟁에 비추어 명확하게 할 필요가 있다.

맺음말

국정원은 수많은 암초가 있는 망망대해를 항해하는 대한민국 호(號)의 나침반이다. 사고 없는 항해를 위해 국정원은 무수한 첩보 속에서 꼭 필요하고 올바른 국가안보 정보를 생산해야 한다. 무에서 유를 창출하기 위해서는 무작정 맞닥뜨려 보지 않고서는 알 수 없다. 처음부터 눈에 띄는 간첩도 없고 정부전복세력도 없다. 냉혹한 정보 현장에서의 정보 격언은 말한다.

"먼저 쏘고 봐라!(Shooting is first)"

일각에서 국정원 개혁의 핵심으로 말하는 대공수사권은 최소한 통일 전까지는 오히려 강화되어야 한다. 간첩은 바로 안 잡는 것이 예술이다. 공개기구인 검찰이나 경찰은 도무지 할 수 없는 차원 높은 허위정보와 역정보를 흘리고 역용공작으로 지하당조직까지 괴멸하는 것을 목표로 최종순간에 검거해야 한다. 대공 수사력은 첩보수집, 범죄수사, 공작활동 그리고 파괴활동의 예방까지를 포괄하는 개념으로 전 세계에서 가장 극렬한 북한을 상대로 하는 국정원의 방첩공작력이 강화되어야 할 것임은 자명하다.

어설픈 통일은 대박이 아니라 쪽박이 될 수도 있음을 대한민국은 명심해야 한다. 단적으로 독일 통일 이후에도 살아남아 유럽의회와 연방 국회의원을 지냈고, 현재 통독 좌파당 명예 의장으로 있는 동독의 마지막 공산당 총리인 한스 모드로프의 사례는 암시하는 바가 매우 크다. 철저한 진영논리에 갇혀 있는 우리 사회의 이념의 틀 속에서 현재 30대인 김정은이 통일 한반도의 대통령이 되지 말라는 법도 없다. 그것이 형식적·절차적 민주주의의 함정인 것을 국정원은 직시하고 대응방안을 강구해야 한다.

국정원은 결코 국가행정의 장식품이 아니다. 국정원은 북한의 정보기구와 싸우기 위해 필요한 조직으로 북한정보기구와의 싸움에서 밀리지 않게 하는 것이 혁신의 요체이다. 따라서 역설적으로 국정원 개혁의 모델은 북한정찰총국이나 국가안전보위부가 되어야 한다. '북한이 가장 싫어할 방향'으로 국정원을 개혁하는 것이 정답이다. 세계 비밀의 손이라고 말해지는 CIA가 스스로의 임무를 설명한 다음의 말은 국가정보기구의 본연의 모습이 무엇인지를 잘 알려준다.

"우리는 국가의 첫 방어선이다. 우리는 다른 어떤 기관도 할 수 없는 일을 해내고, 다른 이들이 갈 수 없는 곳에 간다."

〈대한민국 정체성 총서〉 기획위원

자유북한방송 대표	**김성민**
한국자유연합 대표	**김성욱**
군사편찬위원회 책임연구원	**남정욱**
전 월간조선 기자	**이동욱**
변호사	**이인철**
북한인권법 통과를 위한 모임	**인지연**
대한민국 정체성 총서 기획팀장	**홍훈표**

대한민국 국가정보원

펴낸날 **초판 1쇄 2014년 10월 15일**
초판 6쇄 2015년 5월 30일

지은이 **한희원**
펴낸이 **김광숙**
펴낸곳 **백년동안**
출판등록 **2014년 3월 25일 제406-2014-000031호**

주소 **경기도 파주시 광인사길 30**
전화 **031-941-8988**
팩스 **070-8884-8988**
이메일 **on100years@gmail.com**

ISBN 979-11-86061-02-2 04300

※ 값은 뒤표지에 있습니다.
※ 잘못 만들어진 책은 구입하신 서점에서 바꾸어 드립니다.

이 도서의 국립중앙도서관 출판시도서목록(CIP)은 서지정보유통지원시스템 홈페이지(http://seoji.nl.go.kr)와 국가자료공동목록시스템(http://www.nl.go.kr/kolisnet)에서 이용하실 수 있습니다.(CIP제어번호: CIP2014027835)

책임편집 **홍훈표**